中1

まとめ上手
英 語

Grammar	Test	Conversation	Check
S V O C			

受験研究社

本書の特色としくみ

この本は，中学1年生で学習する英語の重要事項を豊富な図や表，補足説明を使ってわかりやすくまとめたものです。要点がひと目でわかるので，定期テスト対策に必携の本です。

重要度
重要度を★，★★，★★★の3段階で示しています。

例文と訳例
暗唱にも適する基本的な例文をとりあげています。

ポイント解説
もっとも大切なポイントをひと目で理解できるように，図解・表解を中心に簡潔に解説しています。

テストでは

各項目の内容を理解したかどうかを確かめるミニテストです。解答は各ページの下部にのせています。

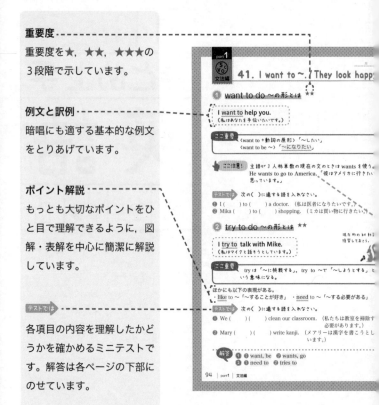

part1 文法編

41. I want to ~. / They look happy

1 want to do ～の形とは ★★

I want to help you.
（私はあなたを手伝いたいです。）

ここ重要
〈want to＋動詞の原形〉「～したい」
〈want to be ～〉「～になりたい」

ここに注意！ 主語が3人称単数の現在の文のときは wants を使う。He wants to go to America.「彼はアメリカに行きたいと思っています。」

テストでは 次の（ ）に適する語を入れなさい。
❶ I ( ) to ( ) a doctor. （私は医者になりたいです。）
❷ Mika ( ) to ( ) shopping. （ミカは買い物に行きたい。）

2 try to do ～の形とは ★★

I try to talk with Mike.
（私はマイクと話そうとしています。）

ここ重要 try は「～に挑戦する」，try to ～で「～しようとする」という意味になる。

ほかにも以下の表現がある。
・like to ～「～することが好き」 ・need to ～「～する必要がある」

テストでは 次の（ ）に適する語を入れなさい。
❶ We ( ) ( ) clean our classroom. （私たちは教室を掃除する必要があります。）
❷ Mary ( ) ( ) write kanji. （メアリーは漢字を書こうとしています。）

解答 ❶ ❶ want, be ❷ wants, go
❷ ❶ need to ❷ tries to

94 part1 文法編

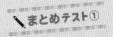

単元のまとまりごとに設け，記述式問題 記述 にも一部対応。ページ下部にヒントと解答をのせています。

2

part1 文法編 文型・文法事項の観点から 49 単元設けています。

▶▶▶

part2 会話・資料編 重要会話表現をテーマごとにまとめています。

得点 UP!

テストの得点をアップさせる秘訣をまとめています。

これ暗記

必ずセットで覚えておきたい事項をまとめています。

ここ注意!

試験でよく問われる事項です。

ここ重要

特に重要なポイントをまとめています。

消えるフィルターで
赤文字が消えます。

3

もくじ

part 1 文法編

中学1年生で学ぶすべての
英語がつまっているよ！

4

会話・資料編では実際の場面で
使える表現をまとめたよ。

part 2　会話・資料編

各表現を全部暗記する
ぐらい繰り返しやろう！

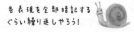

1. This[That] is ～.

① This is ～. の文 ★★★

> **This is a computer.**
> （これはコンピュータです。）

これ暗記 This is ～. は「これは～です」の意味を表す。

1つあることを示す

<u>This</u> 「これは」　<u>is</u> 「です」　<u>a</u>　<u>computer.</u> 名詞

名詞が egg などの母音で始まる語には an をつけるよ。

テストでは 次の（　）に適する語を入れなさい。

❶ This (　　) a bag.（これはバッグです。）
❷ (　　) is my desk.（これは私の机です。）

② That is ～. の文 ★★★

> **That is my house.**
> （あれは私の家です。）

これ暗記 That is ～. は「あれは～です」の意味を表す。

my がつくときは a をつけない

<u>That</u> 「あれは」　<u>is</u> 「です」　<u>my</u>　<u>house.</u> 名詞

this は近くのもの，that は離れているものを示すよ。

テストでは 次の（　）に適する語を入れなさい。

❶ (　　) is a bike.（あれは自転車です。）
❷ That (　　) a cat.（あれはネコです。）
❸ (　　) my camera.（あれは私のカメラです。）

That is の短縮形は That's。

解答
① ❶ is ❷ This
② ❶ That ❷ is ❸ That's

得点 UP！
① This is を 1 語にした形はない。
② This〔That〕 is は人を紹介するときにも使う。

 part 1
⑤ⓋⒸ
文法編

③ Is this〔that〕 ~? の文（疑問文）★★★

Is this your racket?
（これはあなたのラケットですか。）

これ暗記 <u>Is this〔that〕 ~?</u> は「これ〔あれ〕は~ですか」の意味を表す。

主語 this の前に動詞 is を置く

This　is　your racket.

Is　this your racket?

疑問文では be 動詞を文頭に出す。is は Is になることに注意しよう！

 テストでは 次の英文を疑問文にしなさい。

❶ This is an egg. ⟶ (　　) this an egg?
❷ That's a car. ⟶ (　　) (　　) a car?

④ This〔That〕 is not ~. の文（否定文）★★★

This is not our school.
（これは私たちの学校ではありません。）

これ暗記 This〔That〕 is <u>not</u> ~. は「これ〔あれ〕は~ではありません」の意味を表す。

This is　　our school.
↓　↓ ─ be 動詞のあとに not を入れる
This is <u>not</u> our school.

is not は isn't と 1 語で言うこともできるよ。

 テストでは 次の英文を否定文にしなさい。

❶ This is an orange. ⟶ This (　　) (　　) an orange.
❷ That is my notebook. ⟶ That (　　) my notebook.

 解答
③ ❶ Is ❷ Is that
④ ❶ is not ❷ isn't

月　日

2. He[She] is ～.

① He is ～. の文 ★★★

> **He is from Canada.**
> （彼はカナダ出身です。）

これ暗記 He is ～ . は「彼は～です」の意味を表す。

１人の男性
Tom is my friend.　He is from Canada.
　　　　「です」　　　　　「です」
（トムは私の友達です。）

he is は he's と
することもできるよ。

テストでは 次の（　）に適する語を入れなさい。

❶ Mike (　　　) from America. （マイクはアメリカ出身です。）
❷ (　　　) (　　　) a soccer player. （彼はサッカー選手です。）

② She is ～. の文 ★★★

> **She is our teacher.**
> （彼女は私たちの先生です。）

これ暗記 She is ～ . は「彼女は～です」の意味を表す。

１人の女性
That's Ms. Green.　She is our teacher.
（あちらはグリーン先生です。）

she is は she's と
することもできるよ。

テストでは 次の（　）に適する語を入れなさい。

❶ (　　　) (　　　) Judy. （彼女はジュディです。）
❷ (　　　) from China. （彼女は中国出身です。）

解答
① ❶ is　❷ He is
② ❶ She is　❷ She's

part
1
SVC
文法編

1〜6

7〜15

16〜25

26〜33

34〜41

42〜49

part
2
会話・資料編

50〜51

52〜55

得点 UP!
① 自分や相手以外の人やものが1つのとき，「です」はis。
② 自分(1人称)と相手(2人称)以外の人やものを3人称という。

③ Is he〔she〕 ～? の文（疑問文）★★★

Is he your uncle?
（彼はあなたのおじさんですか。）

これ暗記 Is he〔she〕～? は「彼〔彼女〕は～ですか」の意味を表す。

主語 he の前に動詞 is を置く

He is your uncle.
　↓
Is he your uncle?

This〔That〕is ～. の
場合と同じ。
he は男性，she は女性と
覚えておこう！

テストでは 次の英文を疑問文にしなさい。

❶ He is John. ⟶ (　　) he John?
❷ She's kind. ⟶ (　　) (　　) kind?

④ He〔She〕is not ～. の文（否定文）★★★

She is not a doctor.
（彼女は医者ではありません。）

これ暗記 He〔She〕is not ～. は「彼〔彼女〕は～ではありません」の意味を表す。

She is　　a doctor.
　↓ ↓ ┌be動詞のあとに not を入れる
She is not a doctor.

He's not ～，
She's not ～
とすることもできるよ。

テストでは 次の英文を否定文にしなさい。

❶ He is in his room. ⟶ He (　　) (　　) in his room.
❷ She is from Okinawa. ⟶ (　　) (　　) from Okinawa.

解答
③ ❶ Is ❷ Is she
④ ❶ is not ❷ She isn't〔She's not〕

3. I am 〜. / You are 〜.

① I am 〜. / I am not 〜. の文は ★★★

> **I am a student. I am not a teacher.**
> （私は学生です。）　（私は先生ではありません。）

ここ重要　主語が I「私は」のとき，be 動詞は <u>am</u>「〜です」を用いる。

I <u>am</u> 〜.　「私は〜です。」
▶ I am 〜. の否定文の表し方。be 動詞＋<u>not</u> 〜の形。
　I am <u>not</u> 〜.　（私は〜ではない。）
　　└→ I'm ← 短縮形

テストでは　次の（　）に適する be 動詞を入れなさい。

主語によって
be 動詞は変わるよ。

❶ I (　　　) an English teacher.
❷ My father (　　　) a doctor.
❸ I (　　　) not a student.

② Am I 〜? の文は ★★

> **Am I a teacher?**
> （私は先生ですか。）

I <u>am</u> a teacher. を疑問文にすると，
　　└→ ← be 動詞を文頭に出す。
<u>Am</u> I a teacher?
（私は先生ですか。）

I は文のとちゅうでも
常に大文字にしよう！

テストでは　次の（　）に適する be 動詞を入れなさい。

❶ (　　　) she a pianist? — Yes, she (　　　).
❷ (　　　) I a high school student?

解答
① ❶ am　❷ is　❸ am
② ❶ Is／is　❷ Am

得点 UP! ① I am ~.「私は~です」の否定文は I am not ~.
② You are ~.「あなたは~です」の疑問文は Are you ~ ?

③ You are ~. / You are not ~. の文は ★★★

You are a student. You are not a teacher.
（あなたは学生です。）　　（あなたは先生ではありません。）

ここ重要
主語が you「あなたは」のとき，be 動詞は are「~です」
を用いる。
You are ~ .（あなたは~です。）= You're ~ .
You are ~ . の否定文は be 動詞+not ~の形で表す。
You are not ~ .（あなたは~ではない。）
→aren't ← 短縮形

テストでは 次の（　）に適する be 動詞を入れなさい。

❶ You（　　）my father.
❷ I（　　）your friend.
❸ You（　　）not a student.

④ Are you ~? ─ Yes, I am. の文は ★★★

Are you an English teacher? ─ Yes, I am.
（あなたは英語の先生ですか。）　　（はい，そうです。）

肯定文 → You are an English teacher.
　　　　　　↑─be 動詞を主語の前に置く。
疑問文 → Are you an English teacher?

答え方 → { Yes, I am.
　　　　　　 No, I am not（= I'm not）.

Are you ~?「あなたは~
ですか。」には「私は」を
使って答えるよ。

テストでは 次の（　）から正しい語を選びなさい。

❶ (Am, Is, Are) you a teacher?
❷ No, (you, I) am not. I (am, are, is) a student.

解答 ③ ❶ are ❷ am ❸ are
　　　　④ ❶ Are ❷ I, am

| 3 | I am ~. / You are ~. | **11**

文法編　4. We are ～. / They are ～.

① We are ～. / They are ～. の文は ★★

> **We are students. They are teachers.**
> （私たちは学生です。）（彼らは先生です。）

私たち
We ＝ I ＋ you
　　　　　　　など

彼ら
They ＝ he ＋ she
　　　　　　　など

be 動詞
↓
＋ are students.

主語が2人以上の
ときは are になるよ。

テストでは 次の（　）に適する語を入れなさい。

❶ They (　　　) my friends. （彼らは私の友達です。）
❷ You and I (　　　) students. （あなたと私は学生です。）
❸ (　　　) are not teachers. （私たちは先生ではありません。）

② Mike and Tom are ～. は ★★

> **Mike and Tom are brothers.**
> （マイクとトムは兄弟です。）

Mike ＋ is ～.
↑
主語が単数
↓
Tom ＋ is ～.

──主語が複数
➡ Mike and Tom ＋ are ～.

人の名前でも複数に
なると are を使うよ。

テストでは 次の（　）から正しい語を選びなさい。

❶ Mary and Yumi (is, are) good friends.
❷ Nancy and I (are, am, is) students.
❸ Aya (is, are, am) my sister.

解答
① ❶ are ❷ are ❸ We
② ❶ are ❷ are ❸ is

得点 UP!

① we〔They〕are ～. 「私たち〔彼ら〕は～です。」
② 主語が複数形のとき，be 動詞はいつも are。

③ be 動詞のまとめ (1) ★★★

is	am	are
This, That, He, She, It, My sister }is	I am	You, We, They, My sisters }are

「～は…です」のようにいうとき，英語では，is, am, areを用いる。
主語によって is, am, are を使い分ける。

テストでは 次の（　）に適する be 動詞を入れなさい。

❶ That (　　) not my notebook.
❷ Yumi and I (　　) good friends.
❸ It (　　) a ball.

④ be 動詞のまとめ (2) ★★★

Are you a teacher? — No, I am not.
（あなたは先生ですか。）　　（いいえ，ちがいます。）

これ暗記 疑問文に答えるとき，人称やbe動詞がかわることがあるので注意。
Are you ～ ? ⟶ Yes, I am.
Am I ～ ? ⟶ Yes, you are.（あなた）
Are we ～ ? ⟶ Yes, you are.（あなたたち）

テストでは 次の（　）に適する語を入れなさい。

❶ Are they students? — Yes, (　　) are.
❷ Am I a teacher? — No, (　　) aren't.
❸ Are you a doctor? — Yes, (　　) (　　).

 解答 ③ ❶ is ❷ are ❸ is
④ ❶ they ❷ you ❸ I am

part 1 S(V O)C 文法編

1〜6

7〜15

16〜25

26〜33

34〜41

42〜49

part 2 😀 会話・資料編

50〜51

52〜55

part1

S V O C 文法編

5. 物や人の名を表す語

1 数えられる名詞・数えられない名詞とは ★★

> **She is a student. This is Mike.**
> （彼女は学生です。）　（こちらはマイクです。）

物や人の名を表す語を<u>名詞</u>という。

数えられる名詞

girl　　pencil　　chair

数えられない名詞

Japan　　Mike　　water

テストでは 次の単語の中から、❶ **数えられる名詞**、❷ **数えられない名詞**
を選びなさい。

ア dog　　イ Canada　　ウ table　　エ is　　オ boy
カ milk　　キ good　　　ク Lucy　　ケ radio　　コ music

2 固有名詞・普通名詞とは ★

> **This is Japan. This is a map.**
> （これは日本です。）（これは地図です。）

固有名詞（人名・地名など）

Seiko　　Hokkaido　　Canada

普通名詞

apple　　book　　boy

テストでは 次の中から、❶ **固有名詞**、❷ **普通名詞**を選びなさい。

ア Tom　　イ piano　　ウ are　　エ Mr. Yamada　　オ cat
カ bird　　キ Osaka　　ク radio　　ケ Saturday　　コ am

解答 ① ❶ ア，ウ，オ，ケ　❷ イ，カ，ク，コ
② ❶ ア，エ，キ，ケ　❷ イ，オ，カ，ク

part
1

S(V)O
文法編

1～6

③ 集合名詞・物質名詞とは ★

I like Japanese people. This is water.
（私は日本の人々が好きです。）（これは水です。）

集合名詞（集合体の名称）

family（家族）　　class（クラス）

物質名詞（物質の名称）

coffee　　　sugar

テストでは 次の中から，❶ 集合名詞，❷ 物質名詞を選びなさい。

ア camera　イ tea　　ウ people　エ air　　オ guitar
カ family　キ April　ク bread　ケ class　コ desk

④ 物質名詞の数量の表し方は ★★

I want a glass of water.
（私は水を1杯ほしい。）

ここ重要 数えられない物なので，ある単位を用いて表す。

a cup of tea　　a glass of milk　　a piece of paper
お茶1杯　　　ミルク1杯　　　　紙1枚

テストでは 次の（ ）に適する語を入れなさい。

❶ コーヒー1杯　　→ a （　　　） of coffee
❷ ケーキ1切れ　　→ a （　　　） of cake
❸ 水1杯　　　　　→ a （　　　） of water

解答 ③ ❶ウ，カ，ケ ❷イ，エ，ク
④ ❶ cup ❷ piece ❸ glass

7～15

16～25

26～33

34～41

42～49

part
2

会話・資料編

50～51

52～55

月　日

6. a, an / the

1 不定冠詞 a と an の用法は ★★

> **This is a melon. That is an apple.**
> （これはメロンです。）　（あれはりんごです。）

a	＋数えられる名詞	最初の音が子音ではじまる。	melon
an		最初の音が母音ではじまる。	apple

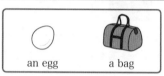

an egg　　a bag

テストでは 次の（ ）にa か an を入れ，不要の場合は×を書きなさい。

❶ This is ( ) dog.
❷ That's ( ) my bike.
❸ Is this ( ) orange?
❹ That isn't ( ) Mike.

2 定冠詞 the の用法 (1) ★★

> **This is a dog. The dog is big.**
> （これは犬です。）　（その犬は大きい。）

the (その) ＋	数えられる名詞	the dog, the desk
	数えられない名詞	the milk, the water

This is a dog. The dog is big.

冠詞の変化　　前に一度でた名詞

テストでは 次の（ ）にa, an, the から正しいものを入れなさい。

❶ This is ( ) cat. I like ( ) cat very much.
❷ Is this ( ) apple? — Yes, it is. ( ) apple is good.

解答
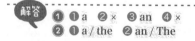
❶ ❶a ❷× ❸an ❹×
❷ ❶a / the ❷an / The

得点UP!
①数えられる名詞の前には，不定冠詞 a, an がつく。
②定冠詞 the は決まったものの前や慣用的に使う。

③ 定冠詞 the の用法 (2) ★★

My bag is on <u>the</u> table.
（私のかばんはテーブルの上にあります。）

ここ重要
① 話している人同士で，何をさすかわかるとき → the table
② 序数の前 → the first month（第1番目の月）
③ 楽器の前 → play the guitar（ギターをひく）
④ その他 → the sun（太陽）
　　　　　　the Hikari Shinkansen（ひかり号）

テストでは 次の（ ）から正しい語を選びなさい。

❶ Do you play (the, an) piano?（あなたはピアノをひきますか。）
❷ That is (a, the) moon.（あれは月です。）

④ 冠詞が省略される場合は ★★

I go to <u>school</u> by <u>bus</u>.
（私はバスで学校へ行きます。）

Japan などの地名の前も
冠詞が省略されるよ。

次の場合は，冠詞をつけない。

【食事を表す語】	【スポーツを表す語】	【交通手段を表す語】
lunch	tennis	 by bus

テストでは 次の（ ）に冠詞を入れ，不要の場合は×を書きなさい。

❶ We play ( ) baseball.
❷ This is ( ) bus.
❸ I go to ( ) school by ( ) bus.

 解答　③ ❶ the ❷ the
　　　　④ ❶ × ❷ a ❸ ×, ×

まとめテスト①

1 次の日本文と同じ意味になるように，( )に適する語を入れなさい。

☐ ❶ これは箱です。 ( ) ( ) a box.

☐ ❷ あれは飛行機です。 ( ) ( ) a plane.

☐ ❸ 彼はピアニストです。 ( ) ( ) a pianist.

☐ ❹ 彼女はリサです。 ( ) ( ) Lisa.

☐ ❺ 彼女は先生ではありません。 She ( ) a teacher.

☐ ❻ これはいすではありません。

This ( ) ( ) a chair.

2 次の日本文に合うように，( )に適する語を入れなさい。

☐ ❼ 私は中学生です。

( ) a junior high school student.

☐ ❽ あなたは医者ですか。―いいえ，ちがいます。

( ) ( ) a doctor? ― No, ( ) not.

☐ ❾ メアリーとマイクは友達です。

Mary and Mike ( ) ( ).

☐ ❿ 私たちは英語の先生です。

( ) ( ) English teachers.

-------------------------- ヒント --------------------------

❶「これ」と近くのものを指すときは this。【注意】that と混同しない。 ❸「彼は」
は he。【注意】she と混同しない。 ❺空所が1つなので短縮形を使う。 ❼空所が
1つなので短縮形を使う。 ❽ be 動詞を主語の前に置いて疑問文を作る。 ❾主語
が複数。

解答 ❶ This is ❷ That is ❸ He is ❹ She is ❺ isn't
❻ is not ❼ I'm ❽ Are you / I'm ❾ are friends
❿ We are

3 次の文の（　）に a か an を入れなさい。また，必要がなければ×を書きなさい。

☐ ⑪ This is (　　　) Mariko.

☐ ⑫ She is (　　　) my sister.

☐ ⑬ I am (　　　) teacher.

☐ ⑭ Is that (　　　) orange?

☐ ⑮ This isn't (　　　) Canada.

☐ ⑯ Is this (　　　) water?

4 次の（　）内から正しいものを選びなさい。

☐ ⑰ Is he a student? — Yes, (ア it is　イ he is).

☐ ⑱ Is this your book? — No, (ア it is　イ it isn't).

☐ ⑲ I want a (ア cup　イ piece) of tea.

☐ ⑳ Are they doctors? — Yes, (ア they are　イ you are).

☐ ㉑ This is (ア an　イ a) melon. (ア The　イ A) melon is new.

☐ ㉒ We go to a library by (ア the train　イ train).

☐ ㉓ I play (ア the　イ a) piano.

---------------------------------- ヒント ----------------------------------

⑪「こちらはマリコです。」 ⑫「彼女は私の姉〔妹〕です。」【注意】所有格 my があるので冠詞は不要。 ⑬「私は教師です。」 ⑭「あれはオレンジですか。」 ⑮「これはカナダではありません。」 ⑯「これは水ですか。」 ⑰「彼は生徒ですか。—はい，そうです。」 ⑱「これはあなたの本ですか。—いいえ，ちがいます。」 ⑲「私はお茶を1杯ほしいです。」 ⑳「彼らは医者ですか。—はい，そうです。」 Are they 〜? に Yes で答えるときは，Yes, they are. ㉑「これはメロンです。そのメロンは新しいです。」 ㉒「私たちは電車で図書館に行きます。」 ㉓「私はピアノをひきます。」

- -

 解答　⑪ × ⑫ × ⑬ a ⑭ an ⑮ × ⑯ × ⑰ イ ⑱ イ ⑲ ア ⑳ ア ㉑ イ／ア ㉒ イ ㉓ ア

part 1

S
V C
O
文法編

7. my, your など

月　日

1 主語・所有格とは ★★

> **She is my mother.　He is your new classmate.**
> （彼女は私の母です。）　　（彼はあなたの新しいクラスメートです。）

She	is	my	mother.
彼女は	です	私の	母　名詞

↑　　　　　　　　↑
「～は」主格　　　　「～の」所有格

> 所有格の次には名詞がくる。

テストでは▶ 次の（　）に適する語を入れなさい。

he「彼は」, she「彼女は」, （　　　）「私は」, you「あなたは」のような
形を（　　）格といい, my「私の」, （　　　）「あなたの」のような形を
（　　）格という。

2 いろいろな所有格(単数) ★★★

> **This is his camera.　That is her umbrella.**
> （これは彼のカメラです。）　（あれは彼女のカサです。）

	私	あなた	彼	彼女	それ
主格 （～は）	I	you	he	she	it
所有格 （～の）	my	your	his	her	its

テストでは▶ 次の（　）に適する語を入れなさい。

❶ This is (　　　) dog.（これは彼の犬です。）
❷ Is he (　　　) father?（彼はあなたのお父さんですか。）
❸ (　　　) is (　　　) friend.（彼女は私の友達です。）
❹ Are you (　　　) brother?（あなたは彼女の弟ですか。）

解答 ❶ I, 主, your, 所有
❷ ❶ his ❷ your ❸ She, my ❹ her

得点 UP!

① 「～の」という意味は所有格で表す。
②〈所有格＋名詞〉の形で使われる。
③所有格の前後には冠詞(a, an, the)を使わない。

part 1
S
V O
文法編

1～6

7～15

16～25

26～33

34～41

42～49

part 2

会話・資料編

50～51

52～55

③ いろいろな所有格 (複数) ★★★

They are <u>our</u> teachers.
(彼らは私たちの先生です。)

	私たち	あなたたち	彼ら
主格 (～は)	we	you	they
所有格 (～の)	<u>our</u>	your	<u>their</u>

テストでは 次の( )から正しい語を選びなさい。

❶ Are you students? — Yes, (I, we) are.
❷ This is (they, their) house.
❸ Is Mr. Tanaka (our, we) teacher? — Yes, he is.

④ 名詞＋〈's〉の用法は ★★

He is <u>Bill's</u> friend.
(彼はビルの友達です。)

人の名前のあとは〈's〉がつくよ。

ここ重要 名詞＋〈's〉 ⇨ 「～の」と「所有」を表す。

Yumi(ユミ)→ Yumi's(ユミの)
Takashi(タカシ)→ Takashi's(タカシの)
my friend(私の友人)→ my friend's(私の友人の)

テストでは 次の( )に適する語を入れなさい。

❶ Tama is ( ) cat. (タマはユカのネコです。)
❷ This is ( ) suitcase. (これはケンのスーツケースです。)
❸ Is he ( ) father? (彼は彼女のお父さんですか。)

解答 ③ ❶ we ❷ their ❸ our
④ ❶ Yuka's ❷ Ken's ❸ her

8. mine, yours など

① 「私の」と「私のもの」の区別の仕方は ★★

> **This is my bag.**
> （これは私のカバンです。）
>
> **This is mine.**
> （これは私のものです。）

所有格＋名詞	所有代名詞
my bag（私のカバン）	mine（私のもの）
your book（あなたの本）	yours（あなたのもの）

テストでは 次の（　）に下から適する語を選んで入れなさい。

❶ Is this your camera? — No, it isn't (　　　).
❷ This isn't (　　　) pencil. It's yours.
　ア my　イ your　ウ mine　エ yours

② いろいろな所有代名詞 ★★★

> **This is her car.**
> （これは彼女の車です。）
>
> **This is hers.**
> （これは彼女のものです。）

「～のもの」と所有を表す形を所有代名詞という。

	私	あなた	彼	彼女	私たち	あなたたち	彼ら
～の	my	your	his	her	our	your	their
～のもの	mine	yours	his	hers	ours	yours	theirs

テストでは 次の（　）に適する語を入れなさい。

❶ This is his eraser. = This eraser is (　　　).
❷ Is this bag yours? — Yes, it is (　　　).
❸ Is this (　　　) dress? — Yes, it is hers.

代名詞はどこに置くか
によって形が変わるよ。

解答
　① ❶ウ　❷ア
　② ❶his　❷mine　❸her

得点UP! ① my bag を 1 語で表すと mine(私のもの)となる。
② his pen(彼のペン) → his(彼のもの)。同形に注意。

③ 名詞＋'s(Ken's) の 2 つの意味は ★★

> This is Ken's camera. This is Ken's.
> （これはケンのカメラです。）　（これはケンのものです。）

所有格＋名詞	〜のもの
Ken's camera ケンの カメラ	Ken's （ケンのもの）
my sister's bike	my sister's

テストでは 次の( )に適する語を入れなさい。

❶ Is this ( ) teacher?（こちらはユミの先生ですか。）
❷ This is ( ) ( ).（これは彼の妹のものです。）
❸ That isn't my ( ).（あれは私の父のものではありません。）

④ まちがいやすい所有代名詞 ★★

> This is his.　　　That is yours.
> （これは彼のものです。）　（あれはあなた（たち）のものです。）

 これ暗記 his には「彼の」と「彼のもの」という 2 つの意味がある。
yours には「あなたのもの」と「あなたたちのもの」という 2 つの意味がある。

テストでは 次のうちまちがっている英文を 2 つ選びなさい。

ア That's his.　　　　イ This is her's camera.
ウ Is this his pen?　　エ That's notebook yours.

 解答 ③ ❶ Yumi's ❷ his sister's ❸ father's
④ イ, エ

part 1 (SVO) 文法編
1〜6
7〜15
16〜25
26〜33
34〜41
42〜49
part 2 会話・資料編
50〜51
52〜55

9. him, her など

1 〈動詞＋目的語〉 ★★

> **I know <u>that boy</u>.**
> （私はあの少年を知っています。）
>
> **I know <u>him</u>.**
> （私は彼を知っています。）

主語	動詞	目的語	主語		
I （私は）	know （知っている）	him. （彼を） ∥ 目的格	He （彼は）	is （です）	my uncle. （私のおじ）
			∥ 目的格		

👉 **ここ注意！** 目的語として用いられる場合，代名詞の形が変わる！

テストでは 次の( )に適する語を入れなさい。

代名詞が動詞の目的語として用いられる場合，he ではなく ( )，I ではなく me という形を用いる。このような形を，主語になる主格に対して ( ) という。

2 代名詞の目的格 ★★★

> **I like <u>her</u>.**
> （私は彼女が好きです。）
>
> **She likes <u>me</u>.**
> （彼女は私が好きです。）

I	— **me**（私を）	we	— **us**（私たちを）
you	— **you**（あなたを）	you	— **you**（あなたたちを）
he she it	— **him**（彼を） — **her**（彼女を） — **it**（それを）	they	— **them** 彼らを 彼女らを それらを

テストでは 次の文の下線部を代名詞で置きかえなさい。

① I know <u>my sister</u>.
② Do you like <u>your bag</u>?
③ They like <u>Tom</u>.

解答
① ① him, 目的格
② ① her ② it ③ him

①動詞と前置詞のあとには人称代名詞の目的格がくる。
②you と it は主格と目的格が同じ形。

③ 〈前置詞＋目的格〉 ★★

This is a present for her.
（これは彼女のためのプレゼントです。）

 目的格の活用も
まとめて覚えておこう！

This is a present $\begin{cases} for\ \underline{him}. & （彼のための） \\ for\ \underline{you}. & （あなたのための） \\ for\ \underline{her}. & （彼女のための） \\ for\ \underline{me}. & （私のための） \end{cases}$
　　　　　　　　　前置詞＋目的格

テストでは 次の（　）の語を正しい形にかえなさい。

❶ I play tennis with (he).
❷ I play the piano for (they).
❸ She is very kind to (I).

④ 人称代名詞のまとめ ★★★

She is my friend.　　**I like her very much.**
（彼女は私の友達です。）　（私は彼女がとても好きです。）

人称代名詞には4つの形がある。

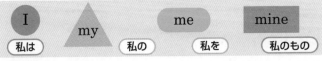

I	my	me	mine
（私は）	（私の）	（私を）	（私のもの）

テストでは 次の（　）に下から適する語を選んで入れなさい。

❶ This book is (　　). ❷ This is a bike for (　　).
❸ (　　) am Midori. ❹ Is that (　　) camera?
　ア your　イ hers　ウ him　エ he　オ I

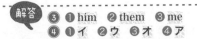 **解答**　③ ❶him ❷them ❸me
　　　　④ ❶イ ❷ウ ❸オ ❹ア

10. I play 〜.

① 一般動詞とは ★★

> **I play tennis every Sunday.**
> （私は毎週日曜日にテニスをします。）

be 動詞
is
am
are
（〜である）

区別しよう

一般動詞（動作・状態を表す）	
（be 動詞以外の動詞）	
play　（〜する）	like　（好きである）
speak　（話す）	have　（もっている）
study　（勉強する）	know　（知っている）

テストでは 次の（　）から正しい語を選びなさい。

❶ I (am,　speak,　play) tennis.
❷ You (are,　like,　speak) this dog.
❸ They (are,　study,　play) my students.

② 一般動詞の疑問文とその答え方は ★★★

> **Do you play tennis? — Yes, I do.**
> （あなたはテニスをしますか。）　（はい，します。）

ここ重要 一般動詞の疑問文は文頭に Do を置き，文末に〈?〉をつける。

肯定文	You play tennis.
疑問文	Do you play tennis?
答え方	Yes, I do.
	No, I do not (don't).

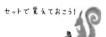
セットで覚えておこう!

テストでは 次の英文を疑問文にしなさい。

❶ You like dogs. —→ (　　) you (　　) dogs?
❷ You have a car. —→ (　　) you (　　) a car?

解答
① ❶ play ❷ like ❸ are
② ❶ Do, like ❷ Do, have

得点 UP!

① be 動詞以外の動詞を一般動詞という。
② 疑問文は〈Do ＋主語＋動詞～?〉。否定文は〈don't ＋動詞〉。

part 1
S V O
文法編

1〜6

7〜15

16〜25

26〜33

34〜41

42〜49

part 2
会話・資料編

50〜51

52〜55

③ 一般動詞の否定文は ★★★

You do not play soccer.
（あなたはサッカーをしません。）

ここ重要 一般動詞の否定文〈do not ＋一般動詞〉の形を使う。

肯定文	You play soccer.
否定文	You do not play soccer.
	＝don't

be 動詞の否定文

ここ注意！ You are Ken. ⟶ You are not Ken.

テストでは 次の（ ）に下から適する語を選んで入れなさい。

❶ I （　　） not like dogs.　❷ I （　　） not a teacher.

❸ I （　　） speak English.

ア do　イ am　ウ isn't　エ don't

④ play の意味のちがいは ★★

I play the piano every day.
（私は毎日ピアノをひきます。）

play＋the＋楽器名
play the piano
ピアノをひく

play＋スポーツ名
play soccer
サッカーをする
play
「遊ぶ」

テストでは 次の（ ）に適する語を入れなさい。

❶ I play the guitar. 私はギターを（　　）。

❷ You play volleyball. あなたはバレーボールを（　　）。

❸ I play in the park. 私は公園で（　　）。

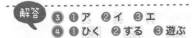
解答 ③ ❶ア ❷イ ❸エ
④ ❶ひく ❷する ❸遊ぶ

11. He plays 〜.

月 日

① 3単現のsとは ★★

> **He plays tennis in the park.**
> （彼は公園でテニスをします。）

3人称単数・現在(形)を
略して3単現ということが
あるよ。

主語	動詞
He	
She	plays 〜.
Mike など	↑ 3単現のsをつける。

 次の（ ）から正しい語を選びなさい。

❶ I (play, plays) baseball in the park.
❷ He (like, likes) dogs very much.
❸ My brother (speak, speaks) French.

② 3単現のs(es)のつけ方は ★★

> **He studies English every day.**
> （彼は毎日英語を勉強します。）

ふつうの語	-s	want → wants, like → likes
語尾が o, s, sh, ch, x	-es	wash → <u>washes</u>, go → <u>goes</u>
語尾が〈子音字 + y〉	yをiにして-es	study → <u>studies</u> plays はそのまま s。

 次の（ ）に下から適する語を選んで入れなさい。

❶ He ( ) his car. ❷ She ( ) English.
❸ Tom ( ) to school.
　ア goes イ studies ウ washes エ go

 解答 ① ❶play ❷likes ❸speaks
② ❶ウ ❷イ ❸ア

得点 UP! ① 主語が3人称単数のときは一般動詞に s をつける。
② He plays 〜. の疑問文・否定文には does を使う。

③ He plays 〜. の疑問文のつくり方は ★★★

> **Does** he **play** tennis? — Yes, he **does**.
> （彼はテニスをしますか。）　　（はい，します。）

肯定文
　　　　　┌─3単現の s
　　　　He plays tennis.
　　　　　↓　┌─原形にする。
疑問文　Does he play tennis?
答え方　┌ Yes, he **does**.　短縮形┐
　　　　　└ No, he **does not** (**doesn't**).

テストでは 次の（　）に Do か Does を入れなさい。

❶ (　　　) she like music?
❷ (　　　) you study English after dinner?
❸ (　　　) your sister play the piano after school?

④ He plays 〜. の否定文のつくり方は ★★

> He **does not play** tennis.
> （彼はテニスをしません。）

肯定文　He　　　　　plays tennis.
　　　　　　　　　　　↓
否定文　He **does not play** tennis.
　　　　　＝ doesn't └─s をとり原形にする。

テストでは 次の（　）に do か does を入れなさい。

❶ He (　　　) not study after dinner.
❷ Mary (　　　) not go to school today.
❸ My friends (　　　) not play baseball after school.

- -
 解答　③ ❶ Does　❷ Do　❸ Does
　　　　　④ ❶ does　❷ does　❸ do

12. He has 〜.

① have と has の使い方は ★★

> **I have a picture.**　　**He has a book.**
> （私は写真をもっています。）　（彼は本をもっています。）

　一般動詞 have は，主語が3人称単数のとき <u>has</u> となる。

- You **have** 〜. → He **has** 〜.
- **Do** you **have** 〜? → **Does** he **have** 〜?
- You **don't have** 〜. → He **doesn't have** 〜.

👉 **ここ注意！** 疑問文・否定文では原形 have を使う。

テストでは▶ 次の（　）に下から適する語を選んで入れなさい。

❶ She (　　　) not (　　　) any brothers.
❷ My father (　　　) a nice camera.
　ア have　イ has　ウ do　エ does

② have のいろいろな意味 ★★

うしろにくる名詞によって意味が変わるよ。

> **She has lunch at noon.**
> （彼女は正午に昼食を食べます。）

　一般動詞 have は，「もっている」以外にも意味がある。

- **have** a dog「犬を飼っている」
- **have** lunch「昼食を食べる」
- **have** a sister「姉(妹)がいる」
- **have** two classes 「2時間授業がある」
- **have** a good time 「楽しく過ごす」

テストでは▶ 次の（　）に適する語を入れなさい。

❶ My friend has a cat. 私の友人はネコを（　　　）。
❷ He has dinner at seven. 彼は7時に夕食を（　　　）。

解答 ①❶エ，ア　❷イ
　　　②❶飼っている　❷食べる

得点UP! ① have は主語が3人称単数のとき has となる。
② know, like のあとに代名詞が続く場合は目的格を用いる。

part 1
Ⓢ Ⓥ Ⓞ 文法編

1〜6

7〜15

16〜25

26〜33

34〜41

42〜49

part 2

😊 会話・資料編

50〜51

52〜55

③ know を使った表現は ★★

> I <u>know</u> that boy.　　He <u>knows</u> me.
> (私はあの少年を知っています。)　(彼は私を知っています。)

know ＋ 目的語 { ふつうの名詞(that boy など)
(知っている) (〜を) { 人称代名詞の目的格(me, him など)

　　　　　　　　　　　　　　┌ s をつける
　I know him. ⟷ He knows me.
　主格　目的格　　　主格　目的格

テストでは 次の( )の語を正しい形にかえなさい。

❶ He knows (we).
❷ They know (he).
❸ She (know) (I).

④ like を使った表現は ★★

> I <u>like</u> this dog.　　He <u>likes</u> me.
> (私はこの犬が好きです。)　(彼は私が好きです。)

like ＋ 目的語 { ふつうの名詞(this dog など)
(好きである) (〜が) { 人称代名詞の目的格(me, her など)

ここ注意! like のあとには「〜が」が来るが, 主格を使わないよう
注意する。

テストでは 次の( )に下から適する語を選んで入れなさい。

❶ He ( ) her.　　❷ ( ) knows them.
❸ Do you ( ) me?　❹ We know ( ).
ア know　イ knows　ウ I　エ she　オ him

解答
③ ❶ us ❷ him ❸ knows, me
④ ❶ イ ❷ エ ❸ ア ❹ オ

S C V O

文法編

13. Does he play ～ ?

① 3単現の -s〔es〕の発音は ★★

> **He likes apples.**　　**She plays softball.**
> （彼はりんごが好きです。）　（彼女はソフトボールをします。）

・[s ス]……語尾の発音が [p] [k] のとき → likes, stops
　　　　　　　　　　　　　　ブ　ク　　　　　　　ライクス　スタップス

・[iz イズ]……語尾の発音が [s] [z] [ʃ] [tʃ] [dʒ] のとき → teaches, washes
　　　　　　　　　　　　　　ス　ズ　シュ　チ　ヂ　　　　　　ティーチィズ　ワッシュイズ

・[z ズ]……上記以外のとき → plays, goes
　　　　　　　　　　　　　　プレイズ　ゴッズ

テストでは 下線部の発音が左の語と同じものを選びなさい。

❶ plays　　（ア likes　　イ looks　　ウ opens ）
❷ cooks　　（ア sleeps　　イ knows　　ウ sings ）
❸ watches　（ア goes　　イ teaches　　ウ makes ）

② 動詞の現在形と原形は ★★

> **Does he play tennis?**　**I play tennis.**
> （彼はテニスをしますか。）　（私はテニスをします。）

・<u>Do</u> you <u>play</u> tennis?　　I <u>play</u> tennis.
　　　　　　原形　　　　　　　　　現在形

・<u>Does</u> he <u>play</u> tennis?　　He <u>plays</u> tennis.
　　　　　　原形　　　　　　　　　現在形

原形とは動詞のもとの
形のことだよ。

テストでは 次の（　）にlike か likes を入れなさい。

❶ Does he (　　　　) music?
❷ She doesn't (　　　　) dogs.
❸ My sister (　　　) tennis very much.

解答
① ❶ウ　❷ア　❸イ
② ❶ like　❷ like　❸ likes

得点 UP！ ① 一般動詞を疑問文・否定文にするときは do (does)。
② 3単現の s のつけ方は plays, washes, studies。

part
1
S.C
V.O
文法編

1〜6

7〜15

16〜25

26〜33

34〜41

42〜49

part
2
会話・資料編

50〜51

52〜55

3 be 動詞と一般動詞の区別は ★★★

She isn't my classmate.
（彼女は私のクラスメイトではない。）

She doesn't like music.
（彼女は音楽が好きではない。）

ここ重要

be 動詞と一般動詞では, 疑問文と否定文のつくり方がちがう。

疑問文 ⇨ be 動詞＋主語 ～？ / Do (Does)＋主語＋動詞の原形 ～？
　　　　　　　　　　　　　　　　　　　　　　↕ 一般動詞

否定文 ⇨ be 動詞＋not ～ / do (does)＋not＋動詞の原形 ～
　　　　　　　　　　　　　　= don't (doesn't)

テストでは 次の（ ）に下から適する語を選んで入れなさい。

❶ Does she ( ) tennis?　❷ They ( ) my father.
❸ She ( ) to school.　❹ Does he ( ) his car?
　ア know　イ is　ウ wash　エ play　オ goes

4 主語と一般動詞の形の関係は ★★

I study English.
（私は英語を勉強します。）

He studies Japanese.
（彼は日本語を勉強します。）

そのままの形でよい主語	3単現の s をつける主語
I, you, we, they, Ken and Mike, my sisters, dogs など	he, she, it, this, that, Ken, Mike, my sister, a dog など

テストでは 次の（ ）の動詞を必要に応じて正しい形にかえなさい。

❶ I don't know them, but she (know) them.
❷ He doesn't (play) tennis.
❸ Tom (go) to the park, but I don't go there.

3単現は
3人称単数現在のこと
だったね。

解答 ③ ❶エ ❷ア ❸オ ❹ウ

④ ❶ knows ❷ play ❸ goes

14. 名詞の数や量の表し方

1 単数形・複数形とは ★★

I have two pencils.
（私は 2 本の鉛筆をもっています。）

単数形

a pencil

複数形

名詞 + S

two pencils

テストでは 次の（　）の語を必要に応じて正しい形にかえなさい。

❶ He has three (dog).
❷ Tom wants an (apple).
❸ I have ten (book).

2 複数形のつくり方は ★★★

つづりを間違えない
ように注意しよう！

We have four classes in the morning.
（私たちは午前中 4 時間授業があります。）

dog
→ dogs

watch
→ watches

lily
→ lilies

knife
→ knives

child
→ children

テストでは 下線部の語を複数形にしなさい。

❶ I have three box.
❷ I know two big city.

解答

❶ ❶ dogs　❷ apple　❸ books
❷ ❶ boxes　❷ cities

得点 UP!

① 名詞が 2 つ以上（複数）を表すときは s〔es〕をつける。
② 複数形には books, boxes, cities などの形がある。

③ 複数形の語尾の発音のちがいは ★★

I have two books.
（私は 2 冊の本をもっている。）

You have three pens.
（あなたは 3 本のペンをもっている。）

ス〔s〕	ズ〔z〕	イズ〔iz〕
books 〔無声音〕	pens 〔有声音〕	buses 〔s, z, ʃ, tʃ, dʒ〕

ここ注意！ hands[dz] → 〔ヅ〕 ／ cats[ts] → 〔ツ〕

テストでは 下線部の発音が左の語と同じものを選びなさい。

❶ cakes　（ア girls　イ tables　ウ stamps）
❷ boys　（ア bags　イ caps　ウ clocks）
❸ dishes　（ア cups　イ chairs　ウ boxes）

④ 複数形にならない名詞は ★★

I like music very much.
（私は音楽がとても好きです。）

複数形にならない名詞 ➡ 固有名詞・数えられない名詞

Ken

Japan

music

tennis

breakfast

テストでは 次のうち正しい英文を選びなさい。

ア Do you like a math?　イ This is Canada.
ウ I don't play the tennis.　エ Mike is my friend.

解答　③ ❶ウ　❷ア　❸ウ
　　　④ イ・エ

15. These〔Those〕 are ～.

1 〈many〔a lot of〕＋複数形〉の文は ★★

I have a lot of comic books.
（私はたくさんの漫画本をもっています。）

a lot of
many
（たくさんの）
＋ 名詞の複数形
　（例）comic books, friends

ここ注意！ many は数えられない名詞には使えない。

テストでは 次の（　）に適する語を入れなさい。

❶ He has a lot of (　　　). （彼にはたくさんの友達がいる。）
❷ She has (　　) bags. （彼女はたくさんかばんをもっている。）
❸ I have a (　　) of pens. （私はたくさんペンをもっている。）

2 this, that の複数形は ★★★

These are my notebooks.
（これらは私のノートです。）

単数 ⇨ This　is　a dog.　　That　is　a cat.
複数 ⇨ These　are　dogs.　　Those　are　cats.
　　（これらは）　　　　　（あれらは）

ここ注意！ 主語が複数になるので be 動詞として are を使う。

テストでは 次の文を複数形にしたとき正しい文はどれですか。

This is an album.
ア These are an albums.　　イ Those are albums.
ウ These are an album.　　エ These are albums.

解答 ❶ ❶ friends ❷ many ❸ lot
　　 ❷ エ

① this〔that〕の複数形は these〔those〕。
② Are these〔those〕 ～ ? には Yes, they are. で答える。

③ Are these〔those〕 ～? に対する答えは ★★

Are these your books? ― Yes, they are.
（これらはあなたの本ですか。）　（はい、そうです。）

Is this your book?　　Yes,　it is.
　↓ 複数形に　　　　　　　　↓ 複数形に
Are these your books?　Yes, [they] are.

ここ注意！　Yes, ~~these~~ are. , Yes, ~~those~~ are. などとしないこと。

テストでは　次の( )に適する語を入れなさい。

❶ Are these his dogs? ― Yes, (　　　) are.
❷ (　　　) these your books? ― No, (　　　) aren't.
❸ Is this her bag? ― Yes, (　　　) is.

④ 複数形への書きかえは ★★★

That is a camera. ⟶ Those are two cameras.
（あれはカメラです。）　　（あれらは2つのカメラです。）

That　is　a camera.　　She　is　a student.
　↓　↓　↓ 単数形　　　　↓　↓　↓ 単数形
Those are two cameras.　They　are　students.
　　　　　　複数形　　　　　　　　　　複数形

ここ注意！　主語・動詞・名詞の変化を忘れずに !!

テストでは　複数形にかえたとき( )に適する語を入れなさい。

❶ Is this your pen? ⟶ Are (　　　) your pens?
❷ That isn't a bike. ⟶ Those (　　　) bikes.

解答　③ ❶ they　❷ Are / they　❸ it
　　　④ ❶ these　❷ aren't

まとめテスト②

1 次の文の下線部の語句を 1 語の代名詞におきかえなさい。

☐ ❶ I know Mr. Brown's sister.

☐ ❷ Does she know Mike?

☐ ❸ He knows Yumi and Ken.

☐ ❹ This pen is my sister's.

☐ ❺ Our parents love my sister and me very much.

2 次の日本文に合うように，(　) に適する語を入れなさい。

☐ ❻ あなたはサッカーをしますか。

(　　　) you (　　　) soccer?

☐ ❼ マイクはアメリカに住んでいますか。―はい，住んでいます。

(　　　) Mike (　　　) in America? — Yes, he (　　　).

☐ ❽ 彼らはそのコンピュータを使いません。

They (　　　) (　　　) the computer.

☐ ❾ 彼女は毎日妹と英語を勉強します。

She (　　　) English with (　　　) sister every day.

----- **ヒント** -----

❶「私は<u>彼女を</u>知っています。」 ❷「彼女は<u>彼を</u>知っていますか。」 ❸「彼は<u>彼ら</u><u>を</u>知っています。」 ❹「このペンは<u>彼女のもの</u>です。」【注意】her はうしろに名詞が必要。 ❺「私たちの両親は<u>私たちを</u>とても愛しています。」 ❻「(サッカーを)する」は一般動詞 play。 ❼主語が 3 人称単数。 ❽主語が複数。 ❾ study「勉強する」は〈子音字 +y〉で終わるので 3 単現の s のつけ方に注意。

解答 ❶ her ❷ him ❸ them ❹ hers ❺ us ❻ Do, play
❼ Does, live / does ❽ don't use ❾ studies, her

③ 次の文の（　）に適する語を入れなさい。

☐ ⑩ Does Mary like dogs?

　　－ Yes, (　　　　) (　　　　).

☐ ⑪ I don't (　　　　) tennis on Sunday.

☐ ⑫ (　　　　) your father eat Japanese food?

　　－ No, (　　　　) doesn't.

☐ ⑬ Does his brother (　　　　) any classes today?

　　－ Yes, he (　　　　). He has some English classes.

☐ ⑭ (　　　　) (　　　　) study math at school?

　　－ Yes, we do.

☐ ⑮ Do you like classical music, Ken?

　　－ Yes, (　　　　) (　　　　).

④ 次の文の（　）の語を正しい形にかえなさい。

☐ ⑯ (This) are Nancy's bags.

☐ ⑰ Does he have three (watch)?

☐ ⑱ (It) are his cameras.

☐ ⑲ Are (that) your friends?

☐ ⑳ I like roses and (lily).

━━━━━━━━━ ✦ ヒント ━━━━━━━━━

⑩「メアリーはイヌが好きですか。―はい，好きです。」⑪「私は日曜日にテニスをしません。」⑫「あなたのお父さんは日本食を食べますか。―いいえ，食べません。」⑬「彼のお兄さんは今日，何か授業がありますか。―はい，あります。彼は何時間か英語の授業があります。」⑭「あなたたちは学校で数学を勉強しますか。―はい，します。」⑮「ケン，あなたはクラシック音楽が好きですか。―はい，好きです。」⑯ this の複数形は these【注意】those と混合しない。 ⑱ it「それは」の複数形は they「それらは」。

━━━━━━━━━━━━━━━━━━━━━━

解答　⑩ she does　⑪ play　⑫ Does / he　⑬ have / does

　　⑭ Do you　⑮ I do　⑯ These　⑰ watches　⑱ They

　　⑲ those　⑳ lilies

16. What 〜?

① What is this(that)？の文と答え方は ★★★

What is this? — It is a fruit.
（これは何ですか。）　（それは果物です。）

<u>What</u> is <u>this</u>? — <u>It</u> is a pencil.
疑問詞　主語　単数形
（何）

短縮形 ⇨ <u>What's</u> this? — <u>It's</u> a fruit.

テストでは 次の（　）に適する語を入れなさい。

❶ （　　　） is that? — （　　　） is a fox.
❷ What is this? — （　　　） a vegetable.
❸ （　　　） that? — It's his camera.

② What are these(those)？の文の答え方は ★★

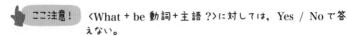

What are these? — They are my books.
（これらは何ですか。）　（それらは私の本です。）

<u>What</u> are <u>these</u>? — <u>They</u> are my books.
疑問詞　主語　複数形
（何）

They are のあとは
名詞も複数形に
なるよ。

 ここ注意！ 〈What + be 動詞＋主語 ?〉に対しては，Yes / No で答えない。

テストでは 次の問いに対する正しい英文を選びなさい。

What are those?
ア Yes, they are my pens.　　イ Those are my pen.
ウ They are my pens.　　エ They are my pen.

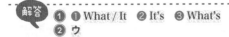

解答 ① ❶ What / It　❷ It's　❸ What's
② ウ

part 1
(S V O)
文法編

1〜6

7〜15

16〜25

26〜33

34〜41

42〜49

part 2
会話・資料編

50〜51

52〜55

 得点UP! ① what は必ず文頭におく。
② what ではじまる疑問文は Yes / No で答えられない。

③ What do you have? の文と答え方は ★★★

What do you have? — I have a racket.
（あなたは何をもっていますか。）（私はラケットをもっています。）

Do you have a racket?
　　　　　　　　この部分をたずねる。
　文頭に
What do you **have**? — I have a racket.
（何を）〈疑問文の語順〉

ここ注意! What の後は一般動詞の疑問文の語順にする。

テストでは 次の（　）に適する語を入れなさい。

❶ What (　　　) you have? — I have a big bag.
❷ What (　　　) he have? — He (　　　) a camera.
❸ (　　　) do they like? — They like dogs.

④ What do you do? の文と答え方は ★★★

What do you do today? — I study English.
（あなたは今日何をしますか。）　（私は英語を勉強します。）

　　　Do you study English today?
　　　　　　　　この部分をたずねる。
　文頭に
What do you **do** today? ⟶ ｛ I *study* English.
（何を）　　　（する）原形　　　　I *play* tennis.
　　　　　　　　　　　　　　　　　I *do* my homework.

テストでは 次の（　）にdo か does を入れなさい。

❶ What (　　　) he (　　　) after school? — He plays soccer.
❷ What (　　　) they (　　　) tonight? — They watch TV.

- -
 解答 ③ ❶ do ❷ does / has ❸ What
　　　 ④ ❶ does, do ❷ do, do

月　日

17. Who ～? / Whose ～?

1 Who is he? の文と答え方は ★★★

> **Who is he?** — **He is Mike.**
> （彼はだれですか。）（彼はマイクです。）

$$\underline{\text{Who}}\text{ is}\left\{\begin{array}{l}he? - He \text{ is Mike.}\\she? - She \text{ is Yumi.}\\this? - It \text{ is my sister.}\end{array}\right.$$
　(だれ)　　主語　　主語　　名前や間がら
（～はだれですか。）　　（～は…です。）

テストでは 次の（　）に適する語を入れなさい。

❶ (　　　　) is he? — He is Mr. Yamada.
❷ Who is that girl? — (　　　　) is my friend.
❸ Who is (　　　　)? — He is Kenji.

2 Who are you? の文と答え方は ★★

> **Who are you?** — **I am Kumi.**
> （あなたはだれですか。）（私はクミです。）

Are you Kumi? — *Yes*, I am.
　　└─────┘ この部分をたずねる。
Who are *you*? — *I* am **Kumi**.
Who are *these*? — *They* are <u>my friends</u>.
　　　　　複数　　　　複数

be 動詞の形に注意！

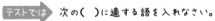

テストでは 次の（　）に適する語を入れなさい。

❶ Who are those boys? — (　　　　) are my children.
❷ Who are (　　　　)? — We are his friends.
❸ Who (　　　　) those girls? — They are Rie and Mari.

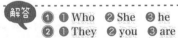

解答
❶ ❶ Who ❷ She ❸ he
❷ ❶ They ❷ you ❸ are

得点 UP!　① who is ～? / who plays ～? 「だれが～?」を表す。
　　　　② 〈whose＋名詞＋動詞＋主語?〉「～はだれの…ですか。」

part 1 S V O C 文法編

1～6

7～15

16～25

26～33

34～41

42～49

part 2 会話・資料編

50～51

52～55

③ Who plays tennis? の文と答え方は ★★★

Who plays tennis? — Ken does.
（だれがテニスをしますか。）　（ケンがします。）

Ken plays tennis.
↓
Who plays tennis? — Ken **does**.
疑問詞＝主語 └3単現のsをつける ＝plays tennis

テストでは▶ 次の（　）に適する語を入れなさい。

❶ (　　　) likes cats? — My sister (　　　).
❷ Who washes the car? — Hiroshi and Ken (　　　).
❸ (　　　) is your teacher? — Mr. Tanaka (　　　).

④ Whose book is this? の文と答え方は ★★★

Whose book is this? — It is mine.
（これはだれの本ですか。）　（それは私のものです。）

Is this your book?　　　— Yes, it is.
└この部分をたずねる。
Whose book is this?　— It is *mine*.
（だれの）（本(＝名詞)）　主語　（私のもの）
　　　　　　　　　　　　　　　　＝my book

テストでは▶ 次の（　）に下から適する語を選んで入れなさい。

❶ (　　　) bike is that? — It's (　　　).
❷ Whose pens (　　　) these? — (　　　) are his.
　ア hers　イ they　ウ are　エ is　オ whose

- -
解答 　③ ❶ Who / does　❷ do　❸ Who / is
　　④ ❶ オ, ア　❷ ウ, イ

18. Which ～?

① Which is ～? の文と答え方は ★★

> **Which is your camera? — This is mine.**
> （どちらがあなたのカメラですか。）（こちらが私のものです。）

Which is your camera?
（どちらが～ですか。）

⟶ This(That) is $\begin{cases} mine. \\ my \text{ camera.} \end{cases}$

　（こちらが(あちらが)～です。）

テストでは 次の（ ）から正しい語を選びなさい。

❶ Which is his radio? — This is (mine, his).
❷ (What, Which) is yours? — That is mine.
❸ Which is her notebook? — This is (hers, her).

② ⟨Which + 名詞 + is ～?⟩の文と答え方は ★★

> **Which camera is yours? — This is mine.**
> （どちらのカメラがあなたのものですか。）（こちらが私のものです。）

Which camera is yours? ⟶ This(That) is *mine*.
⟨Which + 名詞⟩
（どちらの(どの)□□が～ですか。）　（こちらが(あちらが)～です。）
= Which is your camera?

テストでは 次の（ ）に適する語を入れなさい。

❶ (　　　) girl is Nancy? — This is Nancy.
❷ Which bag (　　　) hers? — That is (　　　).

解答 ① ❶ his ❷ Which ❸ hers
② ❶ Which ❷ is / hers

得点UP! ① which には「どちらが」、「どちらの～が」の意味がある。
② 〈which ～?〉に対しては「どちらか」選んで答える。

part 1
S V O C
文法編

1 ～ 6

7 ～ 15

16 ～ 25

26 ～ 33

34 ～ 41

42 ～ 49

part 2
会話・資料編

50 ～ 51

52 ～ 55

③ Which is ～ , A or B? の文と答え方は ★★

> **Which** is his desk, this **or** that?
> (これとあれとではどちらが彼の机ですか。)

Which is ～, A or B? ⟶ This is ～.
(AとBとどちらが～ですか。) (こちらが～です。)

テストでは▶ 次の( )に適する語を入れなさい。

❶ ( ) is your dog, this ( ) that? — This is ( ) dog.
❷ ( ) is ( ) bike, this or that? — This is his.

④ which と whose の区別は ★★

> **Whose** is this pen? **Which** is your pen?
> (このペンはだれのですか。) (どちらがあなたのペンですか。)

whose ⇨「だれの～、だれのもの」→所有者をたずねる。
which ⇨「どちら、どちらの」→こちら (this) かあちら (that) か

👉 ここ注意! Whose　is　this　pen? ＝ Whose　pen　is　this?
　　　　　　(だれのもの)←(このペンは)　(だれのペン) ←(これは)

テストでは▶ 次のうち正しい英文を選びなさい。

ア Whose is yours?　　イ Whose a dog is this?
ウ Which dictionary is his?　エ Whose bike is that?
オ Whose is her album?　　カ Which is her camera?

解答 ③ ❶ Which, or / my ❷ Which, his
④ ウ, エ, カ

19. Where ～? / When ～?

① Where do(does)～? の文と答え方は ★★★

Where do you play tennis?
（あなたはどこでテニスをしますか。）

I play tennis *in the park*.
　　　　　　└─この部分をたずねる。─(I play tennis)
Where do you play tennis?　— *In the park*.
（どこで）　〈疑問文の語順〉　（公園で）
　　　　　　　　　　　　　　　「場所」を表す語を用いる。

テストでは　次の( )に適する語を入れなさい。

❶ (　　　　) do you study English today? — At the library.
❷ (　　　　) does Mike live? — He (　　　　) in Tokyo.
❸ Where (　　　　) she buy *tofu*? — (　　　　) the supermarket.

② Where is(are)～? の文と答え方は ★★

Where is Nancy?　—　In the library.
（ナンシーはどこにいますか。）（図書館にいます。）

Nancy is *in the library*.
　　　　└─この部分をたずねる。
Where is Nancy? — (She is)　*In the library*.
（どこに）　　　主語　　　　「場所」を表す語を用いる。

テストでは　次の問いに対する正しい英文を 2 つ選びなさい。

Where is your bag?

ア I have it on the table.　　イ That's on the table.
ウ It's on the table.　　　　エ On the table.

解答　① ❶ Where　❷ Where / lives　❸ does / At(in)
　　　② ウ，エ

part 1
S V O 文法編

1 ～ 6

7 ～ 15

16 ～ 25

26 ～ 33

34 ～ 41

42 ～ 49

part 2
会話・資料編

50 ～ 51

52 ～ 55

③ When do〔does〕～? の文と答え方は ★★★

When does he play soccer?
（彼はいつサッカーをしますか。）

He plays soccer *after school.*
この部分をたずねる。
When does he play soccer?　(He plays it)
(いつ)　〈疑問文の語順〉　→ *After school.*
（放課後に）

テストでは 次の（　）に適する語を入れなさい。

❶ （　　　） do you study math today? — I study it （　　　） the evening.
❷ （　　　）（　　　） she play tennis? — On Sunday.
❸ （　　　） do they work? — （　　　） the garden.

④ When is ～? の文と答え方は ★★

When is your birthday?
（あなたの誕生日はいつですか。）

When is your birthday?　It is August 10.
(いつ)　　　主語　　　（8月10日です。）

ここ注意! ・時をたずねる→When　・場所をたずねる→Where

テストでは 次の問いに対する正しい英文を選びなさい。

When is his birthday?
ア He is October 5.　　イ It's October 5.
ウ In October 5.　　　エ In my room.

解答 ③ ❶ When / in　❷ When does　❸ Where / In
④ イ

20. How do ～?

① How are you? の文と答え方は ★

How are you? ― Fine, thank you.
（ごきげんいかがですか。）　（ありがとう，元気です。）

ここ重要 how はようす・天候などのぐあいをたずねるときに使う。

― How is the weather?
（お天気はどうですか。）
→ It's *rainy.*（雨です。）

テストでは 次の（　）に適する語を入れなさい。

❶ （　　　　） is your mother? ― （　　　　） is very well, thank you.
❷ （　　　　） is the weather? ― （　　　　） is cloudy.
❸ How （　　　　） you? ― I'm fine, thank you.

② How do〔does〕～? の文と答え方は ★★

How do you go to school?
（あなたはどうやって学校に行きますか。）

ここ重要 ここであつかう how は手段・方法をたずねる。

I go to school *by bus.*
┗━━━━━━ この部分をたずねる。
How do you go to school?
（どうやって）└〈疑問文の語順〉

by bus	バスで
by car	車で
by train	電車で
by bike	自転車で

テストでは 次の（　）に適する語を入れなさい。

❶ （　　　　） does he go to his office? ― By car.
❷ How （　　　　） your brothers go there? ― （　　　　） train.

解答 ① ❶ How / She　❷ How / It　❸ are
② ❶ How　❷ do / By

① How old 〜? 「何歳?」, How much 〜? 「いくら?」
② Howは「どうやって」と手段・方法をたずねる。

part
1
(S V O)
文法編

1
〜
6

7
〜
15

16
〜
25

26
〜
33

34
〜
41

42
〜
49

③ How old is〔are〕〜? の文と答え方は ★★

> **How old are you? — I'm thirteen years old.**
> (あなたは何歳ですか。)　　(13 歳です。)

ここ重要

年齢は次のように表す。
数字 + year(s) old 「〜歳」
数字 + month(s) old 「〜か月」

I am *thirteen* (*years old*).
年齢┌───┘この部分をたずねる。
How old are you?
(何歳)

テストでは　次の( )に適する語を入れなさい。

❶ How ( ) is he? — He is fifteen years old.
❷ How old ( ) your father? — ( ) is forty.
❸ How old is your baby? — He is seven ( ) old.

④ How much 〜? の文は ★★

> **How much is this book? — It's 800 yen.**
> (この本はいくらですか。)　　(800 円です。)

This book is *800 yen*.
値段┌───┘この部分をたずねる。
How much is this book?
(いくら)

yen ＝円
dollar ＝ドル
800 ＝ eight hundred
　　　　 8　　 100

テストでは　日本文に合うように( )に適する語を入れなさい。

あなたのカメラはいくらですか。—250 ドルです。
How ( ) is your camera? — ( ) 250 ( ).

- -
 解答　③ ❶ old ❷ is / He ❸ months
　　　　④ much / It's, dollars

21. How many 〜?

① 〈How many ＋複数形〜?〉の文は ★★★

> **How many bags do you have?**
> （あなたはいくつかばんをもっていますか。）

I have *five bags.* ───→ How many ＋複数名詞?

この部分をたずねる。

個数

How many bags do you have?
（いくつ）〈複数形〉

| いくつ？　何人？ |
| 何本？　何個？ |

テストでは 次の（　）に下から適する語を選んで入れなさい。

❶ How (　　) brothers (　　) you have? — I have (　　).
❷ How many (　　) (　　) he see? — He sees three.
　ア do　イ does　ウ many　エ birds　オ three

② How long 〜? の文は ★★

> **How long do you study? — For two hours.**
> （あなたはどのくらい勉強しますか。）（2時間です。）

I study *for two hours.*

時間の長さ　この部分をたずねる。

How long do you study?
（どれくらい）〈疑問文の語順〉

How long is that bridge?
　　　　　　（あの橋）
ものの長さをたずねる。
(It's) **Five meters** long.
　　　（5メートル）

テストでは 次の（　）に適する語を入れなさい。

❶ How (　　) (　　) he work? — For eight hours.
❷ How long (　　) this pencil? — Ten centimeters (　　).

解答 ① ❶ ウ, ア, オ　❷ エ, イ
② ❶ long does　❷ is / long

得点 UP! ① How many ＋ 複数形〜? は「いくつ」と数をたずねる。
② How long 〜? は「時間」と「物」の長さをたずねる。

③ How about 〜? の文は ★★

How about next Saturday?
（次の土曜日はどうですか。）

ここ重要
How about ＋ 名詞 〜?
「〜はどうですか」… 提案・勧誘・相手の意見を求める。

区別 しよう	How about you?	（あなたはどうですか。）
	How are you?	（ごきげんいかがですか。）

テストでは 次の（　）に適する語を入れなさい。

❶ I like soccer very much. — How (　　　) you?
❷ (　　　) about next week? — OK.
❸ How (　　　) you? — Fine, thank you. And you?

④ how を使った表現のまとめ ★★★

How many pens do you want?
（あなたはいくつのペンがほしいですか。）

これ暗記
how を使った次のような表現を覚えよう。
・How <u>many</u> 〜「いくつ」　　・How <u>do</u> 〜「どうやって」
・How much 〜「いくら」　　・How is 〜「どんなぐあい」
・How <u>old</u> 〜「何歳」
・How long 〜「どのくらい（長さ）」

テストでは 次の（　）から正しい語を選びなさい。

❶ (When, How, Where) do you go there? — By bike.
❷ How (are, old, do, about) are you?
❸ How (is, about) he? — He is fine, thank you.

解答 ③ ❶ about ❷ How ❸ are
④ ❶ How ❷ old ❸ is

part 1
文法編

S
C
V
O

月　日

22. a new camera など

① 形容詞とは ★★

This is a <u>new</u> camera.
（これは新しいカメラです。）

> **ここ重要**
> あるものの性質・状態・形・色・大きさなどを表す，big「大きい」，small「小さい」のような語を<u>形容詞</u>という。

a big dog

a small dog

テストでは▶ 次の文中の形容詞を答えなさい。

❶ She is a pretty girl.
❷ This is a good radio.
❸ A new bike is mine.

② 形容詞のいろいろ ★★★

Do you have a <u>long</u> pencil?
（あなたは長い鉛筆をもっていますか。）

> **これ暗記** よく使われる形容詞を覚えよう！
>
> | | | | |
> |---|---|---|---|
> | <u>good</u> | 「よい」 | old | 「古い，年とった」 |
> | big | 「大きい」 | <u>young</u> | 「若い」 |
> | small | 「小さい」 | long | 「長い」 |
> | new | 「新しい」 | <u>beautiful</u> | 「美しい」 |

テストでは▶ 次の（ ）から正しい語を選びなさい。

❶ I have an (good, old, big) desk.
❷ This is a (long, young, new) bike.

 解答 ❶ ❶ pretty ❷ good ❸ new ❷ ❶ old ❷ new

得点 **UP!** ①形容詞が名詞を説明するときは，名詞の前におく。
②名詞がないとき，〈be 動詞＋形容詞〉の形で表す。

③ 〈形容詞＋名詞〉の文は ★★★

> **He is an <u>old</u> man.**
> （彼は年とった人です。）

	形容詞	名詞
a	new	car
an	old	radio
my	good	friend

$\left\{ \begin{array}{l} a(an) \\ 所有格 \end{array} \right\}$ ＋ <u>形容詞</u> ＋ 名詞

👉 ここ注意！　<u>a</u> radio ⟶ <u>an</u> old radio
<u>an</u> egg ⟶ <u>a</u> big egg

テストでは 次の（ ）に下から適する語を選んで入れなさい。

❶ This is ( ) small dog.
❷ This is an ( ) hat.
❸ That's a ( ) flower.
❹ He is a ( ) doctor.
　ア beautiful イ an ウ young エ old オ my

④ 〈主語＋be 動詞＋形容詞〉の文は ★★★

> **Soccer is <u>popular</u> in Japan.**
> （サッカーは日本で人気があります。）

Soccer　　　*is*　　　popular in Japan.
↓　　　　　↓　　　↓（人気がある）
主語　　　be 動詞　　形容詞
↓　　　　　↓　　　↓
She　　　　*is*　　　busy every day.
　　　　　　　　　（忙しい）

👉 ここ注意！
× She is <u>a</u> busy. としないこと!!

テストでは 次の（ ）から正しい語を選びなさい。

❶ This book is (busy, interesting, long).
❷ You aren't (student, new, young).

解答　③ ❶オ ❷エ ❸ア ❹ウ
　　　④ ❶ interesting ❷ young

23. He is tall. など

① 〈this＋名詞〉と〈this is 〜〉の区別は ★★

This flower is a rose.
（この花はバラです。）

This is a flower.
(これは)＝主語
This flower is a rose.
(この花は)＝主語

that　　（あれ〔あの〕）
these　（これら〔の〕）
those　（あれら〔の〕）
も同じことがいえる。

テストでは 次の( )に下から適する語を選んで入れなさい。

❶ (　　　　) car is old.
❷ This (　　　　) is big.
❸ (　　　　) are small balls.
❹ Those flowers (　　　　) beautiful.

ア these イ that ウ is エ are オ apple

② 形容詞の2つの用法は ★★★

He is tall .
（彼は背が高い。）

He is a tall boy.
（彼は背が高い少年である。）

〈主語を複数にすると…〉
He is tall .　　→　　They are *tall* .
主語　　形容詞　　　　　　tallsとしない。

〈主語を複数にすると…〉
He is *a tall boy* .　　→　　They are *tall* boys .
主語　冠詞＋形容詞＋名詞　　　　a〔an〕はつけない。

テストでは 次のうち正しい英文を選びなさい。

ア She is young girl.　　イ These are a big boxes.
ウ My uncle is an old.　　エ They are good students.

解答 ① ❶イ ❷オ ❸ア ❹エ
② エ

part
1
Ⓢ Ⓥ Ⓒ Ⓞ
文法編

1 ～ 6

7 ～ 15

16 ～ 25

26 ～ 33

34 ～ 41

42 ～ 49

part
2
☺ 💬
会話・資料編

50 ～ 51

52 ～ 55

③ 形容詞をふくむ文の書きかえは ★★★

> **That is a big cat. That cat is big.**
> （あれは大きなネコだ。）（あのネコは大きい。）

That   is *a big cat*.   …〈冠詞＋形容詞＋名詞〉
主語   （ 大きなネコ ）

→ That cat is big.   …〈be動詞＋形容詞〉
主語 （ 大きい ）

👉 **ここ注意！** 形容詞だけのときは冠詞はいらない *!!*

テストでは 次の英文とほぼ同じ意味の文を選びなさい。

This is a new bike.
ア This bike is a new.　　イ This is bike new.
ウ This bike is new.　　エ This new is a bike.

④ 形容詞を含む疑問文の表し方は ★★

> **Is that car new ? — Yes, it is.**
> （あの車は新しいですか。）（はい，そうです。）

Is that car new?   （あの車は新しいですか。）
主語
Is that a new car?   （あれは新しい車ですか。）

👉 **ここ注意！** 答えは両方とも，Yes, it is. / No, it isn't.

テストでは 次の（ ）に適する語を入れて，疑問文にしなさい。
❶ This book is interesting.
 （   ）（   ）（   ）interesting?
❷ Those are fresh vegetables.
 （   ）（   ）（   ）vegetables?

解答 ③ **ウ**
④ ❶ Is this book ❷ Are those fresh

月　日

24. Open ～. / Don't ～.

① 「～しなさい」という表現は ★★★

Open the window. — All right.
（窓を開けなさい。）　　（わかりました。）

肯定文　You **open** the window.
　　　　　　↓
命令文　⌜×⌟ **Open** the window.
　　　　　　（主語）〈動詞の原形〉

ここ注意！　主語は省略し，大文字ではじめる。

テストでは　次の文を命令文にしなさい。

❶ You study English hard. —→ (　　　) English hard.
❷ You clean your room. —→ (　　　) your room.
❸ You get up at six. —→ (　　　) (　　　) at six.

② please を使った表現は ★★

Please close the door.
（どうぞドアをしめてください。）

ここ重要　Please ～「どうぞ～してください」とていねいに頼むときに
使う。

{ Please *close* the door.
　　　 Close the door, please.　　→コンマを忘れない。

呼びかけの場合 { Ken, sit down.
　　　　　　　　 Sit down, Ken.　　→名前をコンマで区切る。

テストでは　次の命令文のうち正しいものを選びなさい。

ア Come here Mike.　　　イ Please, Open the door.
ウ Play the guitar, please.　　エ Nancy open the door.

解答　❶ ❶ Study ❷ Clean ❸ Get up
　　　　 ② ウ

得点UP！ ①命令文は主語を省略して動詞の原形ではじめる。
② Don't ~.「~するな」，Let's ~.「~しましょう」

part
1
Ⓢ (Ⓥ) Ⓒ
文法編

1
~
6

7
~
15

16
~
25

26
~
33

34
~
41

42
~
49

part
2
☺ (Ⓥ) Ⓒ
会話・資料編

50
~
51

52
~
55

③ 「～してはいけない」という表現は ★★★

Don't stand up. — All right.
（立ってはいけません。）（わかりました。）

| 肯定文 | You stand up. | （あなたは立っています。） |

| 命令文 | ×̶ Stand up. | （立ちなさい。） |

| 否定の命令文 | **Don't** stand up. | （立ってはいけません。） |

（～するな）⟶ 〈動詞の原形〉

テストでは 次の文の否定の命令文として正しいものを選びなさい。

You watch TV.

ア Don't you watch TV. イ Not watch TV.
ウ You don't watch TV. エ Don't watch TV.

④ 「～しましょう」という表現は ★★

Let's play tennis. — Yes, let's.
（テニスをしましょう。）（はい、そうしましょう。）

| 肯定文 | You play tennis. |

↓

| 人をさそう文 | **Let's** *play* tennis. |

（～しましょう）⟶ 〈動詞の原形〉

| 答え方 | Yes, let's. / All right. / OK. |

テストでは 次の（ ）に適する語を選んで入れなさい。同じ記号を何度選んでもよい。

❶ （　）（　）to the park. — Yes, （　）.
❷ （　）to the park, Ken. — All （　）.
　ア go　イ let's　ウ right　エ you

 解答 ③ エ
④ ❶ イ，ア / イ　❷ ア，ウ

文法編

25. I can play ～.

① 「～できる」という意味を表すには ★★

I can play the piano well.
（私はピアノを上手にひくことができます。）

> ここ重要　〈can＋動詞の原形〉で「～できる」という意味を表す。

I　　　play the piano well.（私はピアノを上手にひきます。）
I can *play* the piano well.（私はピアノを上手にひけます。）
助動詞〈動詞の原形〉

> テストでは　次の（ ）に適する語を入れなさい。

❶ I （　　）（　　） tennis.（私はテニスができます。）
❷ You （　　）（　　） a cake.（あなたはケーキをつくれます。）
❸ We （　　）（　　） car.（私たちは自分たちの車を洗います。）

② 主語によって can はかわるか？ ★★

He can speak English fluently.
（彼は英語をすらすらと話すことができます。）

主語が何であっても
can の形は変わらない！

He　　　speak*s* English fluently.
　　↓〈現在形〉…3 単現のsがある。
He　can *speak* English fluently.
　　　〈動詞の原形〉
They can *speak* English fluently.

> テストでは　次のうち正しい英文を 2 つ選びなさい。

ア He can swims well.　　　イ She can dance well.
ウ My brother cans ski.　　エ They can run fast.

 解答　① ❶ can play　❷ can make　❸ wash our
② イ, エ

part
1

S
V
C
O

文法編

1
〜
6

7
〜
15

16
〜
25

26
〜
33

34
〜
41

42
〜
49

③ can の疑問文と答え方は ★★★

> **Can** you <u>speak</u> Chinese? — Yes, I can.
> （あなたは中国語を話せますか。）　（はい，話せます。）

You　can　*speak* Chinese.

Can　<u>you</u>　*speak* Chinese?
　　主語

答え方
Yes, I can.
No, I <u>cannot</u>.（can't）

👉 ここ注意！ What **can** you *speak*?
　　　　　 ⟶ I can speak Japanese and English.

テストでは▶ 次の（　）に適する語を入れなさい。

❶ (　　　　) you drive a car? — Yes, I can.
❷ Can Mike play the guitar? — No, (　　　) (　　　).

④ can の否定文は ★★★

> I <u>cannot</u> play the piano.
> （私はピアノをひくことができません。）

I　can　*play* the piano.
　↓
I　<u>cannot</u>　*play* the piano.
= <u>can't</u>（短縮形） → × cann't にしないこと。

テストでは▶ 次のうち正しい英文を 2 つ選びなさい。

ア He cannot ski.　　イ He cannot swims.
ウ You can don't run.　エ My friend can't drive.

part
2

😊
会話・資料編

50
〜
51

52
〜
55

解答 ③ ❶ Can ❷ he cannot（can't）
　　　④ ア，エ

まとめテスト③

1 次の問いに対する答えとして正しいものを下から選びなさい。ただし、同じ記号は1度しか使えない。

☐ ❶ How old is he? ☐ ❷ Who is he?

☐ ❸ Where does he live? ☐ ❹ Whose pen is this?

☐ ❺ When does he swim? ☐ ❻ What is this?

☐ ❼ Which is his room? ☐ ❽ How much is it?

☐ ❾ How many pencils does he have?

☐ ❿ Who cooks dinner for us?

　　ア It's an album. 　　イ He has five.

　　ウ He lives in Osaka. 　　エ He is Mr. Yamada.

　　オ He swims in summer. 　　カ This is his.

　　キ He is twenty. 　　ク It's two hundred yen.

　　ケ My mother does. 　　コ It's his pen.

2 次の（　）に適する語を入れなさい。

☐ ⓫ どうぞまた私の家にきてください。

　　（　　　）（　　　）to my house again.

☐ ⓬ この川で泳いではいけません。

　　（　　　）（　　　）in this river.

〔沖縄－改〕

---------------------- **ヒント** ----------------------

❶「彼は何歳ですか。―20歳です。」 ❷「彼はだれですか。―山田さんです。」 ❸「彼はどこに住んでいますか。―大阪に住んでいます。」 ❹「これはだれのペンですか。―彼のペンです。」 ❺「彼はいつ泳ぎますか。―夏に泳ぎます。」 ❻「これは何ですか。―アルバムです。」 ❼「どちらが彼の部屋ですか。―こちらが彼のものです。」 ❽「いくらですか。―200円です。」 ❾「彼は鉛筆を何本持っていますか。―5本です。」 ❿「だれが私たちのために夕食を料理しますか。―私の母です。」 ⓬ 否定の命令文は〈Don't＋動詞の原形….〉。

解答 ❶キ ❷エ ❸ウ ❹コ ❺オ ❻ア ❼カ ❽ク

□ ⑬ 彼女はどこの出身ですか。

(　　　) is she (　　　)?　　　　　　〔香川−改〕

□ ⑭ 公園で昼食を食べましょう。

(　　　) (　　　) lunch in the park.

□ ⑮ あなたのお姉さんは英語を話せますか。

(　　　) your sister (　　　) English?

□ ⑯ 彼女はピアノをあまりじょうずにひけません。

She (　　　) play the piano very (　　　).

③ 次の日本文に合うように，( )内の語を並べかえて順に記号で答えなさい。

□ ⑰ あなたは手に何を持っていますか。

(ア hand　イ what　ウ in　エ you　オ have　カ do
キ your)?

□ ⑱ 彼はよいコンピュータを持っていますか。

(ア have　イ good　ウ he　エ a　オ computer　カ does)?

□ ⑲ あなたのおばさんは自動車の運転ができますか。

(ア drive　イ aunt　ウ a　エ can　オ car　カ your)?

-------------------- ▶ヒント ◀ --------------------

⑭「～しましょう」は〈Let's ＋動詞の原形～ .〉。　⑮ can の疑問文は〈Can ＋主語
＋動詞の原形～ ?〉。　⑯「あまり～ない」は not ～ very。【注意】well（上手に）を
good（上手な）としない。

解答　⑨ イ　⑩ ケ　⑪ Please come　⑫ Don't swim
⑬ Where, from　⑭ Let's eat〔have〕　⑮ Can, speak
⑯ cannot〔can't〕, well　⑰ イカエオウキア　⑱ カウアエイオ
⑲ エカイアウオ

26. three, third など

1 基数とは ★

> **She has three books in her bag.**
> （彼女はかばんの中に3冊の本をもっています。）

1, 2, 3, …のように数を表すものを<u>基数</u>という。

1 ～ 12	全て形が異なる。(one, two, ～ twelve)
13 ～ 19	-teen がつく。 (thir*teen*, ～ nine*teen*)
20, 30 ～ 90	-ty がつく。 (twen*ty*, ～ nine*ty*)
100 ～	one **hundred**

テストでは　次の英語が表す数字を書きなさい。

❶ eight　　　❷ eleven　　　❸ fifteen
❹ forty-four　❺ ninety-six

2 序数とは ★★

> **May is the fifth month of the year.**
> （5月は1年の5番めの月です。）

「第1番め(の)」のように順序を表すものを<u>序数</u>という。

1 ～ 3	*first*, *second*, *third*
4 ～ 19	基数＋<u>th</u>　four*th*
20 ～ 30 ～	基数の y → <u>ieth</u>　twentie*th*
100	one hundred*th*

● 序数の前には the を置く

テストでは　次の( )に適する語を入れなさい。

❶ The ( ) month of the year is March.
❷ Thursday is ( ) fifth day of the week.

①数字には基数(1，2)，序数(1番め，2番め)がある。
②「9番め」(ninth)，「40」(forty)，「5番め」(fifth)に注意。

③ 注意すべき基数と序数 ★★★

September is the <u>ninth month</u> of the year.
(9月は1年の9番めの月です。)

次のものはまちがいやすいので，注意して覚えよう。

3 – 13	4 – 40	5 – 5番め
three – **thirteen**	four – <u>**forty**</u>	five – **fifth**
8 – 8番め	9 – 9番め	12 – 12番め
eight – <u>**eighth**</u>	nine – **ninth**	twelve – <u>**twelfth**</u>

テストでは 次の( )の語を正しい形にかえなさい。

❶ The (two) month of the year is February.
❷ (Fortieth) people are in the room.

④ いろいろな数の表現方法 ★★

My birthday is <u>April</u> 7.
(私の誕生日は4月7日です。)

日 付	April 7	→	April (the) seventh
西 暦	1994	→	nineteen ninety-four (19と94に分けて読む)
	2011	→	twenty eleven
電話番号	352-6178	→	three five two six one seven eight (数字を順に読む)

テストでは 次の日付の読み方で正しいものを選びなさい。

December 25
ア December two five　　イ December the twenty-five
ウ December twenty-fifth　エ December twentieth-five

解答 ③ ❶ second ❷ Forty
④ ウ

27. What time ~? など

1 時刻の表し方は ★★

> **It is eight thirty.**
> （8時30分です。）

o'clock は
「〜時ちょうど」
のときに使うよ。

6時です。
→ It is six (o'clock). （o'clock「時」）

6時10分です。
→ It is <u>six</u> <u>ten</u>. （数字を並べる）
　　　〈時〉〈分〉

テストでは 次の時刻を表すように（　）に適する語を入れなさい。

❶ It's (　　) fifteen.
❷ It's nine (　　).
❸ It's four (　　).

2 時刻をたずねるときの表し方は ★★★

> **What time is it now? — It's seven.**
> （今何時ですか。）　　　　　（7時です。）

<u>What time</u> is <u>it</u> now?
（ 何時 ）　主語←「それは」と訳さない

$\begin{array}{l} \text{It's} \\ (= \text{It is}) \end{array}$ $\left\{ \begin{array}{l} \text{seven } \textit{in the morning.} \\ \text{three } \textit{in the afternoon.} \\ \text{ten } \textit{in the evening.} \end{array} \right.$ → 〔午前〕〈7 a.m.〉
→ 〔午後〕〈3 p.m.〉
→ 〔夜の〕〈10 p.m.〉

テストでは 次の問いに対する正しい英文を2つ選びなさい。

What time is it now?
ア It's just seven.　　　イ It is two ten o'clock.
ウ Time is nine o'clock.　エ It's eleven o'clock.

- -

1 ❶ five ❷ twenty-five ❸ o'clock
2 ア，エ

64 | part1 | 文法編

得点 UP! ①時刻の表し方は、〈～時…分〉の順に数字で表す。
②「何時～?」はwhat time ～?、「～時に」はat ～。

③ 「何時に～します」の表し方は ★★★

I get up <u>at seven</u> every morning.
（私は毎朝7時に起きます。）

I ＋ <u>get up</u> ＋ <u>at seven</u>.
主語　　一般動詞　　at ＋時刻
　　　　　　　　　　〔～時に〕

テストでは 次の（　）に下から適するものを選んで入れなさい。同じ記号
を何度選んでもよい。

❶ I (　　) at eleven.
❷ (　　) eats dinner (　　) seven.
❸ She (　　) (　　) four.
❹ (　　) ten o'clock.
　ア at　イ go to bed　ウ it's　エ gets home　オ he

④ 「何時に～しますか」の表し方は ★★★

What time does he eat breakfast?
（彼は何時に朝食を食べますか。）

He eats breakfast *at eight*.
時刻
└─この部分をたずねる
<u>What time</u> does he eat breakfast?
（何時に）　〈疑問文の語順〉

テストでは 次の語を並べかえて英文をつくるとき、最初から3番めにく
る語を答えなさい。

❶ (she, time, dinner, what, does, eat)?
❷ (is, time, it, what) now?

- -
解答 ③ ❶イ ❷オ, ア ❸エ, ア ❹ウ
　　 ④ ❶does ❷is

28. What day 〜? など

1 「きょうは何曜日ですか。」の表し方は ★★

> **What day is it today? — It's Tuesday.**
> （きょうは何曜日ですか。）　　（火曜日です。）

<u>What day</u> is it today?　　　　　<u>It is</u> Tuesday.
（きょうは<u>何曜日</u>ですか。）　　　　　〔曜日名〕

= What day *of the week* is (it) today? ともいう。

ここ注意！ 似ているので間違えないように気をつける。
Tuesday（火）— Thursday（木）
Saturday（土）— Sunday（日）

テストでは 次の（ ）に適する語を入れなさい。

❶ What（　　　）is it today? —（　　　　）Wednesday.
❷ （　　　　）is Friday today.
❸ Today（　　　）Monday.

2 「きょうは何日ですか。」の表し方は ★★

> **What's the date today? — It's May 5.**
> （きょうは何日ですか。）　　（5月5日です。）

<u>What's</u> the <u>date</u> today?　　　　<u>It's</u> *May 5.*
= What is（日付）　　　　　　　= It is（月＋日）
　　　　　　　　　　　　　　　　May (the) fifth と読む。

ここ注意！ ✕ What the date today? としないように *!!*

テストでは 次の（ ）に適する語を入れなさい。

❶ What is the（　　　）today? —（　　　　）January 10.
❷ （　　　）the date today? — It is November 3.

解答 ① ❶ day / It's　❷ It　❸ is
　　　 ② ❶ date / It's　❷ What's

得点 UP! ① What day is it today? で今日の曜日をたずねる。
② What's the date today? で今日の日付をたずねる。

part 1
Ⓢ Ⓒ
Ⓥ Ⓞ
文法編

1〜6

7〜15

16〜25

26〜33

34〜41

42〜49

part 2

会話・資料編

50〜51

52〜55

③ 季節の表し方は ★★

> **We have four seasons. It's spring now.**
> （4つの季節があります。）　（今は春です。）

春(3, 4, 5月)	夏(6, 7, 8月)	秋(9, 10, 11月)	冬(12, 1, 2月)
spring *warm*「暖かい」	**summer** *hot*「暑い」	**fall〔autumn〕** *cool*「涼しい」	**winter** *cold*「寒い」

テストでは 次の（　）に季節名を入れなさい。

❶ It is hot in (　　　).　❷ We have snow in (　　　).
❸ It's warm in (　　　).

④ come after ～ と come before ～ のちがいは ★★★

> **April comes after March.**
> （4月は3月のあとにきます。）

A comes after B. A は B の**あとにくる**。	A comes before B. A は B の**前にくる**。
火曜日 comes **after** 月曜日	8月 comes **before** 9月

テストでは 次の（　）から正しい語を選びなさい。

❶ February comes before（ア January　イ March）.
❷ Wednesday comes after（ア Tuesday　イ Thursday）.

解答
③ ❶ summer　❷ winter　❸ spring
④ ❶ イ　❷ ア

S
C
V
O
文法編

29. It is rainy. など

① It is a pencil. の it の用法は ★★★

What is this? — It is a pencil.
（これは何ですか。）　（それは鉛筆です。）

What is this?　　It is a pencil.

（これは）→ それは

this → it で受ける。　　this を受けて主語のはたらきをしている。
that

テストでは　次の（　）に適する語を入れなさい。

❶ What is that? — (　　　　) a history book.
❷ Who is he? — (　　　　) is Mike.
❸ Who is that girl? — (　　　　) is Yumi.

② 天候を表す it の用法は ★★

It is rainy today.
（きょうは雨です。）

ここ重要　天候を表すとき，主語として it を使う。「それは」と訳さない。

It is *sunny*(fine, clear).　　It is *cloudy*.　　It is *rainy*.

テストでは　次の（　）に適する語を入れなさい。

❶ (　　　　) sunny today. （きょうは晴れです。）
❷ How is the weather? — (　　　　) is (　　　　).
（お天気はどうですか。—曇りです。）

解答　❶ ❶ It's　❷ He　❸ She
　　　❷ ❶ It's　❷ It, cloudy

得点 UP!
① It is rainy. のように天候を表す it は訳さない。
② 天候・寒暖・時刻・曜日などは it を主語にする。

S V O 文法編

1〜6

7〜15

16〜25

26〜33

34〜41

42〜49

part 2 会話・資料編

50〜51

52〜55

③ 寒暖を表す it の用法は ★★

It is very cold in February.
（2月はとても寒い。）

ここ重要　「寒い，暑い」などを表すとき，主語として it を使う。

It is ⎰ hot   in summer.   夏は〔暑い〕。
      cold   in winter.   冬は〔寒い〕。
      warm in spring.   春は〔暖かい〕。
      cool   in fall.   秋は〔涼しい〕。

ここ注意！　it は「それは」と訳さない。

テストでは　次の（　）に適する語を入れなさい。
❶ (　　　) is hot here in Osaka.（ここ大阪は暑い。）
❷ Is (　　　) (　　　) today?（きょうは暖かいですか。）

④ it の用法のまとめ ★★★

It rains a lot in June.
（6月には雨がたくさん降ります。）

天候	It *rains.*（雨が降る）It is *fine.*（晴れです）
寒暖	It is very *hot* today.（今日はとても暑い）
時刻	It is *three o'clock.*（3時です）
曜日	It is *Wednesday.*（水曜日です）
日付	It is *July 15.*（7月15日です）

テストでは　it がまちがって使われているものを2つ選びなさい。
ア It is my books.   イ It isn't very hot today.
ウ Who is he? — It is Ken.   エ What day is it today?

解答　③ ❶ It ❷ it warm
　　　④ ア，ウ

30. well, usually など

① 副詞の役割は ★★

> **She plays the guitar <u>well</u>.**
> （彼女はじょうずにギターをひきます。）

She **plays** the guitar <u>well</u>.

（ひく）　　　（じょうずに）
動詞 ←――――― 副詞
　　　〈修飾〉

> よい　　少年
> a **good**　boy
> 形容詞　名詞

👆 ここ注意！　副詞は動詞のほかに形容詞、他の副詞も修飾する。

 次の（　）に下から適する語を選んで入れなさい。

❶ My mother gets up (　　). ❷ He runs (　　).
❸ I like dogs very (　　). ❹ She speaks English (　　).
　ア fast　イ much　ウ well　エ early

② 「頻度」を表す副詞は ★★★

> **I usually go to school by bike.**
> （私はたいてい自転車で学校へ行きます。）

<u>always</u>「いつも」　　　often「しばしば、よく」
<u>usually</u>「たいてい、ふつう」　　<u>sometimes</u>「ときどき」

He **always** plays tennis.
　　　　一般動詞
He is **always** happy.
be 動詞　副詞の位置に注意！

 次の（　）の単語を入れるのに正しい位置を答えなさい。

❶ He comes to my house. (often)
　　ア　　イ　ウ　　　エ
❷ He is busy at home. (always)
　　アイ　ウ　　エ

解答　①❶エ ❷ア ❸イ ❹ウ　②❶ア ❷イ

part
1
(SVC VO)
文法編

1〜6

7〜15

16〜25

26〜33

34〜41

42〜49

part
2
😊
会話・資料編

50〜51

52〜55

③ 「場所」を表す副詞〔節〕は ★★

> **I go there with her.**
> （私は彼女とそこへ行きます。）

in〜	「〜の中に」
on〜	「〜の上に」
near〜	「〜の近くに」
under〜	「〜の下に」

I go *to the park* with her.
= there そこへ

👉 ここ注意！　here「ここへ」を用いたり，
　　　　　　　　×I go *to there.* としたりしないこと。

テストでは　次の（　）に下から適する語を選んで入れなさい。

❶ He goes (　　　　) the library.　❷ We go (　　　　), too.
❸ The album is (　　　　) the table.　❹ I live (　　　　) Tokyo.
　ア there　イ in　ウ to　エ every　オ on

④ 動詞を修飾する語句は ★★

> **I study English every day.**
> （私は毎日英語を勉強します。）

ここ重要　2語以上集まって副詞的なはたらきをするものもある。

every week	「毎週」	over there	「あそこに」
in the morning	「午前中」	by bus	「バスで」
very well	「とてもじょうずに」	at noon	「正午に」
after school	「放課後」	in May	「5月に」

テストでは　次の（　）に下から適する語句を選んで入れなさい。

❶ Look at the house (　　　　).　❷ He speaks Japanese (　　　　).
❸ She comes here (　　　　).　❹ It's very hot (　　　　).
　ア in July　イ very well　ウ by car　エ over there

解答 　③ ❶ウ　❷ア　❸オ　❹イ
　　　　　　④ ❶エ　❷イ　❸ウ　❹ア

31. and と but の使い方

1 〈名詞 + and + 名詞〉の形 ★★

I know Ken and Cindy.
（私はケンとシンディを知っています。）

> **ここ重要** andは同じ種類の語と語をつなぐ役割を果たす。

> I know Ken and Cindy.
> 　　　　　 = them
> Ken and Cindy know me.
> = They

テストでは 下線部の語を代名詞で書きかえなさい。

❶ You and I are teachers.
❷ She knows Taro and me.
❸ He goes to the park with Ken and Midori.

2 〈文 + and + 文〉の形 ★★

He is happy and she is happy, too.
（彼は幸せです，そして彼女も幸せです。）

> **ここ重要** 語と語，文と文をつなぐものを接続詞という。

He	is	happy	and	she	is	happy, *too*.
主語	動詞		and	主語	動詞	（～もまた）
（～は …で			そして	～は …です。）		

テストでは 次の（　）から正しい語を選びなさい。

❶ She like science, (and, but) I like science, too.
❷ She can play the piano, (and, but) I can't.

解答
1 ❶ We ❷ us ❸ them
2 ❶ and ❷ but

得点UP! ① andは「〜と…」,「〜そして…」の意味。
② butは「〜しかし…」,「〜でも…」の意味。

③ 〈動詞＋and＋動詞〉の形 ★★

Please come and visit us.
（どうぞ私たちを訪ねてきてください。）

動詞	and	動詞	意味
come	and	visit	訪ねてくる
come	and	help	手伝いにくる
go	and	see	会いに行く

便利な言い方なので，覚えておこう！

テストでは 次の（ ）に適する語を入れなさい。

❶ Come and (　　　) me.（手伝いにきてください。）
❷ Come (　　　) visit us.（私たちを訪ねてきてください。）
❸ Please (　　　) and see me.（どうぞ私に会いにきてください。）

④ butの用法は ★★

You play tennis, but I play soccer.
（あなたはテニスをします，しかし私はサッカーをします。）

ここ重要 butは「しかし，でも」という意味を表す接続詞で，対立関係にあるものをつなぐ。

You play tennis, { but I don't (play tennis). / but I play soccer.

He is poor, but (he is) happy.

テストでは 次の（ ）にandかbutを入れなさい。

❶ He likes animals, (　　　) she doesn't.
❷ I have a dog (　　　) my friend has a dog, too.

解答 ③ ❶ help ❷ and ❸ come
④ ❶ but ❷ and

月　日

32. or と too の使い方

❶ Is this A or B? の文と答え方は ★★

Is this a river or a lake?
（これは川ですか，それとも湖ですか。）

答え方は It is ～.
で答えるよ。

┌ Is this *a river* or *a lake*?
　　　　　　（それとも）
└→ It is *a river*. ← Yes / No で答えない。

 ここ注意！　A の音は上げて，B の音は下げて発音する。

Is this A(↗) or B (↘)?

テストでは▶ 次の問いに対する正しい英文を選びなさい。

Is that a book or a notebook?
ア Yes, it is a book.　　イ It's a notebook.
ウ That is a book.　　　エ No, it isn't.

❷ Do you like A or B? の文と答え方は ★★

Do you like dogs or cats?
（あなたは犬が好きですか，それともネコが好きですか。）

┌ Do you like *dogs* or *cats*?
　　　　　　　（それとも）
└→ I like *dogs*. ← Yes / No で答えない。

ここ注意！　Do you ～ A or B? の A と B には同じ種類の語句がくる。

テストでは▶ 次の（　）に適する語を入れなさい。

❶ Do you play tennis （　　　） baseball? — I play tennis.
❷ Does he （　　　） a computer （　　　） a comic book? — He wants a
computer.

解答
❶ イ
❷ ❶ or　❷ want, or

得点 UP! ① Is this A or B? 「これはAかそれともBか。」
② or をふくむ疑問文は Yes / No で答えられない。

③ or をふくむ疑問文で注意することは ★★★

Is this an apple <u>or</u> an orange?
（これはりんごですか，それともオレンジですか。）

Is this *a* ball **or** *an* egg?
　　　└─冠詞─┘

☞ ここ注意！ or のあとの冠詞を忘れずに !!

Is this a ball? ──────────→ Yes, it is.
Is this a ball or an egg? ──────→ It's **a ball**.

テストでは 次の（　）に適する語を入れなさい。

❶ Is this (　　　) desk (　　　) a table? — (　　　) a table.
❷ Is that a camera? — (　　　), it isn't.
❸ (　　　) those apples (　　) oranges? — (　　　) apples.

④ too の用法は ★★

This is my book, <u>too</u>.
（これも私の本です。）

これ暗記 too は〜も（また）の意味を表す。

Is this a your pen, too?
（これもあなたのペンですか。）
Nice to meet you, too.
（私もお会いできてうれしいです。）

発音は同じ

次の単語の意味を区別しよう。
two　（2つ）
too　（〜もまた）
to　（〜へ）

テストでは 次の英文で正しいものを 2 つ選びなさい。

ア Is that your pen, to?　　イ I have too cameras.
ウ These are my bags, too.　エ Does he have two sisters?

解答 ③ ❶ a, or / It's ❷ No ❸ Are, or / They're
④ ウ, エ

33. some / any など

① some の意味は ★★

I have some pencils in my bag.
（私はかばんの中に何本かの鉛筆をもっています。）

I have some *pencils* .
（何本かの）（鉛筆）
I want some *water* .
（いくらかの）（水）

some +	数えられる名詞 〈複数形〉
（いくつかの いくらかの）	数えられない名詞 〈単数形〉

ここ注意！ some，any は数えられる名詞にも数えられない名詞にも使う。

テストでは▶ 次の（　）にa, an, Some のどれかを入れなさい。

❶ Do you have (　　　) dog?
❷ She has (　　　) flowers in her hand.
❸ I want (　　　) egg and (　　　) sugar.

② some と any の用法 ★★★

Do you have any brothers?
（あなたは（何人かの）兄弟がいますか。）

肯定文　I have some brothers.
　　　　　　（何人かの）
疑問文　*Do you have* any brothers?
　　　　　　　　　（何人かの）

any のあとの名詞の
形は Some と同じだよ。

ここ注意！ some，any は特に訳さなくてもよい。

テストでは▶ 次の（　）にany か Some を入れなさい。

❶ Does he have (　　　) sisters?
❷ She wants (　　　) milk.

解答 ① ❶a ❷some ❸an, some
　　　　② ❶any ❷some

part
1
Ⓢ Ⓒ
Ⓥ Ⓞ
文法編

1～6

7～15

16～25

26～33

34～41

42～49

part
2
😊
会話・資料編

50～51

52～55

 ① 〈some, any＋名詞〉で「いくつかの～」。
② 肯定文は some，疑問文・否定文には any を使う。

③ not ～ any の用法は ★★★

I do not have any brothers.
（私には 1 人も兄弟がいません。）

ここ重要 not any は「1 つ（1 人）も～ない」の意味である。

肯定文 I   have **some** brothers.
　　　↓否定文にすると↓
否定文 I **do not** have **any** brothers.
　　　＝ **don't**

テストでは 次の文を否定文にしなさい。

❶ He has some balls. —→ He (　　) have (　　) balls.
❷ We want some water. —→ We (　　) want (　　) water.
❸ I eat some oranges. —→ I (　　) eat (　　) oranges.

④ any と many を区別しよう ★★

Do you have many friends?
（あなたはたくさん友達がいますか。）

これ暗記 many は「たくさんの」，any は「いくつかの」の意味を表す。

Do you have **many** friends? —→ Yes, I do.
　　　＝ a lot of
Do you have **any** friends? —→ Yes, I do.
　　　　　　　　　　　　　　　I have *some* friends.

テストでは 次の日本文に合う英文を選びなさい。

あなたはいくつかの英単語を知っていますか。
ア Do you know many English words?
イ Do you know any English words?

解答 ③ ❶ doesn't, any ❷ don't, any ❸ don't, any
④ イ

まとめテスト④

1 次の日本文に合うように，（　）に適する語を入れなさい。

□ ❶ 12月は1年の12番めの月です。

　　December is (　　　) (　　　) month of the year.

□ ❷ 今日はとても暑いです。

　　(　　　) (　　　) very hot today.

□ ❸ 私はときどきテニスをします。

　　I (　　　) (　　　) tennis.

□ ❹ 私はコンピュータを1台も持っていません。

　　I (　　　) have (　　　) computers.

2 次の（　）に適する語を入れなさい。

□ ❺ What (　　　) does he go to bed?

　　— He (　　　) to bed about ten thirty.

□ ❻ What (　　　) is it today? — (　　　) Wednesday.

□ ❼ (　　　) the date today? — (　　　) is October 20.

□ ❽ September is the (　　　) month of the year.

□ ❾ August comes (　　　) July.

------------ ヒント ------------

❶序数の前には the をつける。　❸ sometimes は一般動詞の前に置く。　❹ not 〜 any…で「1つの…も〜ない」❺「彼は何時に寝ますか。—彼は10時30分ごろに寝ます。」❻「今日は何曜日ですか。—水曜日です。」❼短縮形を使う。「今日は何月何日ですか。—10月20日です。」❽「9月は1年の9番めの月です。」❾「8月は7月のあとに来ます。」

解答 ❶ the twelfth　❷ It is　❸ sometimes play　❹ don't, any
❺ time / goes　❻ day / It's　❼ What's / It　❽ ninth
❾ after

☐ ⑩ (　　　) is the weather today?

　　— (　　　) is rainy.

☐ ⑪ (　　　) you like coffee (　　　) tea?

　　— I like coffee.

☐ ⑫ Do you have (　　　) English books?

　　— Yes, I do. I have some English books.

☐ ⑬ Is (　　　) cold in April?

　　— No, (　　　) warm.

③ 次の（　）から正しい語句を選びなさい。

☐ ⑭ She loves her cat very (well, much, good).

☐ ⑮ Emi (often helps, helps often) her mother.

☐ ⑯ My sister cooks very (good, well, much).

☐ ⑰ Ken studies very (hard, hardly) every day.

☐ ⑱ Does he get up (fast, early, slow)?

☐ ⑲ Is that a desk (and, or, but) a table?

☐ ⑳ (Is it, Does it) rain much in June?

------------ ヒント ------------

⑩「今日の天気はどうですか。―雨です。」⑪「あなたはコーヒーが好きですか，それとも紅茶が好きですか。―コーヒーが好きです。」⑫「あなたは英語の本を何冊か持っていますか。―はい。私は何冊か英語の本を持っています。」⑬「4月は寒いですか。―いいえ，暖かいです。」⑭「彼女は自分のネコをとても愛しています。」⑮「エミはしばしばお母さんを手伝います。」⑯「私の姉（妹）はとても上手に料理をします。」⑰「ケンは毎日とても一生懸命勉強します。」⑱「彼は早く起きますか。」⑲「あれは机ですか，それともテーブルですか。」⑳「6月には雨がたくさん降りますか。」【注意】rain は一般動詞。

 解答 　⑩ How / It 　⑪ Do, or 　⑫ any 　⑬ it / it's 　⑭ much
　⑮ often helps 　⑯ well 　⑰ hard 　⑱ early 　⑲ or
　⑳ Does it

34. I am walking 〜.

1 現在進行形とは ★★

I am walking in the park.
（私は公園の中を歩いています。）

| 現在形 | I walk. | → 私は歩きます。 |
| 現在進行形 | I am walking. | → 私は歩いています。 |

└→「(今)〜している」と現在行われている動作を表す文。

テストでは 次から現在進行形の文を 3 つ選びなさい。

ア I am happy.　　イ He is swimming.
ウ You are playing tennis.　　エ They study English.
オ We are students.　　カ She is reading a book.

2 現在進行形の形は ★★★

He is studying English now.
（彼は今英語を勉強しています。）

ここ重要　進行形は，be 動詞 + 現在分詞形〔動詞の〜ing 形〕で表す。

I	am	
He	is	+ studying.
You	are	

（私は勉強しています。）
（彼は勉強しています。）
（あなたは勉強しています。）

be 動詞は主語によって決まる。I → am / 3 人称単数 → is / you, 複数 → are

テストでは 次の( )に適する be 動詞を入れなさい。

❶ Tom (　　　) playing the guitar.
❷ I (　　　) cooking dinner.
❸ They (　　　) watching TV.

解答　① イ，ウ，カ
② ❶ is　❷ am　❸ are

得点 UP!
① 〈is(am, are)+〜ing〉「(今)〜しているところです」。
② 現在進行形の否定文は〈is(am, are)+ not +〜ing〉。

③ 動詞の 〜ing 形のつくり方は ★★★

She is making a cake.
（彼女はケーキをつくっています。）

▶そのまま〜ing

play	→ play**ing**
look	→ look**ing**
read	→ read**ing**

▶ e をとって〜ing

make	→ mak**ing**
write	→ wri**t**ing
come	→ com**ing**

▶子音字を重ねて〜ing

run	→ run**ning**
sit	→ sit**ting**
↓	
〈短母音のとき〉	

テストでは 次の（ ）の語を適する形にかえなさい。

❶ She is (speak) Japanese very well.
❷ They are (sit) under the tree.
❸ My mother is (write) a letter.

④ 現在進行形の否定文は ★★

He is not helping his father.
（彼は父親を手伝っていません。）

ここ重要 否定文は〈be動詞+not+〜ing 形〉で,「〜していません」。

He **is** **not** help**ing** his father.
└→isn't

ここ注意！ He ~~does not helping~~ 〜 としない。

テストでは 次の英文で正しいものを選びなさい。

ア She isn't swim.　　イ You don't playing tennis.
ウ I'm not running.　　エ He is doesn't reading.

 解答 ③ ❶ speaking ❷ sitting ❸ writing
④ ウ

―――――― 月　　日

35. Is Jane playing 〜?

① 現在進行形の疑問文と答え方は ★★★

> **Is Jane playing the piano now?**
> （ジェーンは今ピアノをひいていますか。）

肯定文	Jane **is playing** the piano now.
疑問文	Is Jane **playing** the piano now?
答え方	Yes, she **is**. / No, she **isn't**.

←― be 動詞を主語の前に置く。

人名は答えるときは
代名詞に変えるよ。

👉 **ここ注意！** does, doesn't は使わない。

テストでは 次の（　）に適する語を入れなさい。

❶ （　　　　） he watching TV?
❷ （　　　　） you studying English? ― Yes, I （　　　）.

② What is（are） 〜 doing? の文 ★★★

> **What are you doing? ― I'm cooking.**
> （あなたは何をしていますか。）　（料理をしているところです。）

He is *eating lunch*.

何をしている？―この部分をたずねる。

What is he **doing**?
（彼は何をしていますか。）

He is eating *lunch*.

何？ ―この部分をたずねる。

What is he **eating**?
（彼は何を食べていますか。）

テストでは 次の（　）に下から適する語を選んで入れなさい。同じ記号を
何度選んでもよい。

❶ What （　　　） he （　　　）? ― He is （　　　） a book.
❷ What （　　　） you （　　　）? ― I （　　　） studying.
　ア am　イ is　ウ are　エ doing　オ reading

解答
❶ ❶ Is　❷ Are / am
❷ ❶ イ, エ / オ　❷ ウ, エ / ア

得点 UP!
①現在進行形の疑問文は、〈Be動詞＋主語＋～ing?〉
② What are you doing? には I am ～ing. で答える。

③ Who is ～ ing? の文と答え方は ★★★

> **Who is swimming in the river?**
> （だれが川で泳いでいるのですか。）

Ken is swimming in the river.
↓
だれが ← 主語をたずねている。　　ここ注意！　It is Ken. としない。
↓
Who is swimming in the river? — *Ken* is.

テストでは 次の（　）に適する語を入れなさい。

❶ （　　　　） is running over there? — Mike （　　　　）.
❷ Who （　　　　） playing the piano? — My sister is.
❸ （　　　　） is he doing? — He is washing the car.

④ Where is (are) ～ ing? の文と答え方は ★★★

> **Where is she studying?**
> （彼女はどこで勉強しているのですか。）

She is studying *in the library*.
場所を表す語　　　この部分をたずねる。
↓
Where is she studying?
— (She is studying) *In the library*. （図書館で）

テストでは 次の（　）に適する語を入れなさい。

❶ Where （　　　　） she reading a book? — In her room.
❷ Where （　　　　） she read a book? — In her room.

解答　③ ❶ Who / is　❷ is　❸ What
　　　④ ❶ is　❷ does

36. She is having 〜.

1 進行形にしない動詞 ★★

> **I know Tom very well.**
> （私はトムをとてもよく知っています。）

ここ重要

| play, run, swim | 動作を表す動詞 → 進行形にできる |
| know, have, like | 状態を表す動詞 → 進行形にできない |

I *know* him. （○）　　　I *like* her. （○）
I am *knowing* him. （×）　I am *liking* her. （×）

テストでは 次のうち正しい英文を 3 つ選びなさい。

ア He is playing tennis.
イ Are you knowing him?
ウ She isn't singing now.
エ Is he having a ticket?
オ Are they liking dogs?
カ Do they like flowers?

2 have は進行形にできるか ★★

> **She is having lunch now.**
> （彼女は今，昼食を食べているところです。）

意味を考えながら判断しよう。

- She **is having** lunch. （○）　　〔食べている〕─┐動作
- She **is having** tea. （○）　　　〔飲んでいる〕─┘
- She **is having** a bag. （×）　　〔もっている〕─┐状態
- She **is having** two sisters. （×）〔ある，いる〕─┘

👉 **ここ注意！** 進行形にできるものと，できないものを区別しよう。

テストでは 次の英文で進行形にできる文を 2 つ選びなさい。

ア He has a pencil.
イ Does she have a cup of tea?
ウ He has dinner.
エ Do you have any brothers?

解答 1 ア，ウ，カ
2 イ，ウ

part
1
S V C
文法編

1～6

7～15

16～25

26～33

34～41

42～49

part
2

会話・資料編

50～51

52～55

③ 現在形と現在進行形の書きかえは ★★★

He doesn't swim. → He isn't swimming.
（彼は泳ぎません。）　　（彼は泳いでいません。）

現在形		現在進行形
He walks.	⟷	He is walking .
He doesn't walk.	⟷	He isn't walking.
Does he walk?	⟷	Is he walking?
Yes, he does.	⟷	Yes, he is .

テストでは 次の（ ）に適する語を入れて，現在進行形の文にしなさい。

❶ Do you play tennis? ⟶ ( ) you ( ) tennis?
❷ She doesn't swim. ⟶ She ( ) swimming.
❸ I don't watch TV. ⟶ ( ) not watching TV.

④ do / does / doing の区別は ★★★

Is he doing his homework?
（彼は宿題をしているところですか。）

これ暗記 do の 2 つの意味 { do「～をする」（一般動詞）
{ do〔does〕（疑問文をつくる助動詞）

現在形 { Do you **do** your homework?
{ Does he **do** his homework?
現在進行形 Is he **doing** his homework?

テストでは 次の英文で正しいものを 2 つ選びなさい。

ア He does his work. イ You don't do your work.
ウ I don't my work. エ Does he opening the door?

 解答 ③ ❶ Are, playing ❷ isn't ❸ I'm
④ ア，イ

月　日

37. There is[are] ～.

① 〈There is ～.〉と〈主語 + is ～.〉のちがいは ★★

There is a book on the table.
（テーブルの上に本があります。）

不特定のもの　　There is a book *on the table*.
　　　　　　　　　　　└→主語
　　　　　　　　　　　（テーブルの上に本があります。）

特定のもの　　My book is *on the table*.
　　　　　　　└→主語　（私の本はテーブルの上にあります。）

テストでは　次の（　）に適する語を入れなさい。

❶ There (　　) an orange in the box.
❷ Your pens (　　) in your bag.
❸ (　　) is a student in the room.

② 〈There is[are] ～.〉の文 ★★★

There are two cameras on the desk.
（机の上に 2 つのカメラがあります。）

ここ重要　There is[are] + 主語 ～. で「～に…があります，います」。

There is a *camera* on the desk.
　　　　└〈単数〉
There are *two cameras* on the desk.
　　　　└〈複数〉

単数のときは名詞の前に a（an）をつけるのを忘れずに。

テストでは　次の（　）に適する語を入れなさい。

❶ There (　　) many dogs in the park.
❷ There (　　) a cat under the chair.

解答　❶ ❶is ❷are ❸There
　　　❷ ❶are ❷is

③ There is (are) ～. の否定文は ★★★

There are not many students in the room.
（部屋にはあまり多くの学生はいません。）

> ここ重要 否定文は，There is (are) +not ～. で「～がない，いない」となる。

There **is not** <u>a student</u> in the room.
　　= **isn't** 〈単数〉
There **are not** <u>many students</u> in the room.
　　= **aren't** 〈複数〉

テストでは▶ 次の（　）から正しい語（句）を選びなさい。

❶ There (isn't, aren't) an album on the table.
❷ There (isn't, aren't) many dogs in the park.
❸ There isn't (a book, a lot of books) in my bag.

④ There is (are) ～. の疑問文と答え方は ★★

Are there any apples on the table?
（テーブルの上にりんごが（数個）ありますか。）

肯定文　<u>There are</u> some apples on the table.
　　　　↓ be 動詞を there の前に置き，some は any にする。
疑問文　<u>Are there</u> any apples on the table?
答え方　Yes, <u>there</u> are. / No, <u>there</u> aren't.

👆 ここ注意！ Yes, they are. ／ No, they aren't. とはしない。

テストでは▶ 次の（　）に適する語を入れなさい。

❶ （　　　） there any pictures on the wall?
❷ （　　　） there a notebook on the desk? — Yes, there （　　　）.

解答　③ ❶ isn't ❷ aren't ❸ a book
　　　④ ❶ Are ❷ Is / is

38. How many ~ are there?

① How many ~ are there? の文 ★★★

> **How many pencils are there on the table?**
> （テーブルの上に何本の鉛筆がありますか。）

How many ＋複数形＋ are there ~? ⟶ There are *two*.
　　　主語　　　（~にいくつ…がありますか。）

How many books **do** you **have** in your bag?
　　　目的語　　　主語
（かばんに何さつ本をもっていますか。）　⟶ **I have** *two*.

テストでは 次の（　）に適する語を入れなさい。

❶ How many bags (　　　) there? — (　　　) are three.
❷ How many (　　　) are there? — There (　　　) one camera.
❸ How (　　　) chairs are there in the room?

② What is ~? に There is ~. で答える場合は ★★

> **What is on the desk?** — **There is a box.**
> （机の上に何がありますか。）　　（箱があります。）

── **What is** ＋場所を表す語句？　（~に何がありますか。）
└→ **There is** ~.　名詞がくる　（~があります。）
── **What is** on the desk?
└→ **There are** two boxes.

what の後の be 動詞は
is（単数）になるよ。

テストでは 次の英文で正しいものを選びなさい。

ア What is this? — There is a bike.
イ What is in the box? — There is a little dog.
ウ What is on the table? — It is an album.

- - -

解答 ① ❶ are / There　❷ cameras / is　❸ many
　　　② イ

❸ Where is ～? と What is ～? の答え方のちがいは ★

> **Where is** my cap? — **It's** on the desk.
> （私の帽子はどこにありますか。）（机の上にあります。）

Where is my cap?
└─ 主語

It is on the desk.

What is on the desk?
　　主語

There is a cap on the desk.
（〜がある） 主語

テストでは ▶ 次の（ ）に適する語を入れなさい。

❶ （　　　　　） is your camera? — （　　　　） is on my bed.
❷ （　　　　　） is in the room? — （　　　） is a big table.
❸ What is on the desk? — There （　　　） three books.

❹ 〈There is〔are〕＋〜＋ in …〉と〈…has ～〉の書きかえ ★★

> **There are** seven days in a week.
> （1週間には7日あります。）

<u>There are</u> seven days in a week.
（〜がある）

= A *week* <u>has</u> seven days.
（もっている，ある）

ここ注意！ 主語が3人称単数なので，have にしないように！

テストでは ▶ 次の（ ）に適する語を入れなさい。

　（　　　　） are twelve months in a year.
= A year （　　　　） twelve months.

解答 ❸ ❶ Where / It　❷ What / There　❸ are
　　 ❹ There / has

39. with / in / on

① 前置詞とは ★

> **I watch TV with him.**
> （私は彼とテレビを見ます。）

> **ここ重要**　前置詞は，名詞・代名詞の前におかれて，いろいろな意味をもつ。
>
> with
> （〜といっしょに）　{ *Mike* … 名詞
> *him*
> *her* } … 代名詞 → 目的格がくる。

テストでは　次の（　）の語を正しい形にかえなさい。

❶ I play softball with (they).
❷ Do you go to the party with (we)?
❸ Please read a book for (I).

② よく使われる「場所」を表す前置詞は ★★★

> **My cat is under the table.**
> （私のネコはテーブルの下にいます。）

on　　　under　　　by　　　　　near　　　in
（〜の上に）（〜の下に）（〜のそばに）　（〜の近くに）（〜の中に）

テストでは　次の（　）から正しい語を選びなさい。

❶ Are there any oranges (in, at, on) the table?
❷ There is a dog (under, to, of) the chair.

　❶ ❶ them　❷ us　❸ me
　　　　❷ ❶ on　❷ under

得点 UP! ① 〈前置詞＋〈代〉名詞〉となり，代名詞の場合は目的格。
② 「5 月 に」は in May，「5 月 3 日 に」は on May 3.

③ 「場所」を表す前置詞 in と at のちがいは ★★

I live in Tokyo.
（私は東京に住んでいます。）

比較的狭い場所には at，
比較的広い場所には in
を使うよ。

I live in Tokyo.
（私は東京に住んでいます。）
She is at the station.
（彼女は駅にいます。）

テストでは 次の（　）に in または at を入れなさい。

❶ Do you live (　　　) Japan?
❷ I play the piano (　　　) school.
❸ He is always (　　　) home.

④ 「時」を表す前置詞 in と on のちがいは ★★★

I go to the party on December 25.
（私は 12 月 25 日にパーティーに行きます。）

in をつける場合	on をつける場合
in April （月名）	on April 20 （月日）
in spring （季節）	on Sunday （曜日）
in 2010 （西暦）	on Christmas Eve （特定の日）
in the morning	on Sunday morning

テストでは 次の（　）に in または on を入れなさい。

❶ I watch TV with my family (　　　) the evening.
❷ Let's play tennis (　　　) Saturday afternoon.
❸ Do you swim (　　　) summer? — Yes, I do.

解答
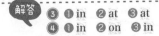
③ ❶ in ❷ at ❸ at
④ ❶ in ❷ on ❸ in

40. for / before / to

1 前置詞の用法は ★★

> **The student in the library is Ken.**
> （図書館にいる学生はケンです。）

前置詞のはたらきは
1つ1つ覚えていこう!

The student in the library is Ken.
名詞 ⤺ （修飾） （図書館にいる） → 形容詞のはたらき。

Ken *studies* in the library.
動詞 ⤺ （修飾） （図書館で） → 副詞のはたらき。

テストでは▶ 次の（ ）に下から適する語を選んで入れなさい。

❶ The girl (   ) the room is my sister.
❷ They go to school (   ) bike.
❸ The camera (   ) the desk is mine.
　ア by　イ on　ウ in

2 前置詞 for の 3 つの意味は ★★

> **He leaves for school at eight.**
> （彼は 8 時に学校へ出かけます。）

❶ He *leaves* for school.　　　―→ （〜に向かって）
　　（出かける）
❷ He studies for *a long time*.　―→ （〜の間）
　　　　　　（長い間）
❸ She cooks dinner for *us*.　　―→ （〜のために）
　　　　　　（私たちのために）

テストでは▶ 次の（ ）から適する語を選びなさい。

❶ My mother makes a cake (for, to, of) me.
❷ He plays the guitar (in, for, at) two hours.
❸ My brother studies (for, on, at) night.

解答 ❶ ❶ウ ❷ア ❸イ
　　 ❷ ❶ for ❷ for ❸ at

得点 UP!
① to「〜へ」, by「〜で」, of「〜の」, from「〜から」
② for「〜に向かって, 〜の間, 〜のために」

③ before と after のちがいは ★★

> **What do you do after lunch?**
> （昼食のあと, あなたは何をしますか。）

・after ＋名詞 〜　　・before ＋名詞 〜
　〔〜のあとに〕　　　　〔〜の前に〕

👆ここ注意!

▶ I play tennis after lunch.
「テニスのあとに昼食を食べる」
としない。

▶ before → befor としない。
「昼食時に」→ at lunch という。

テストでは 次の（　）にbefore またはafter を入れなさい。

❶ Wash your hands (　　　) lunch.
❷ Friday comes (　　　) Thursday.

④ その他の注意すべき前置詞は ★★

> **I go to school by bus.**
> （私はバスで学校へ行きます。）

to 〜	「〜へ」	go *to* school
by 〜	「〜で」	*by* bus（バスで）, *by* car（車で）
of 〜	「〜の」	a map *of* Tokyo（東京の地図）
from 〜	「〜から」	*from* here（ここから）
about 〜	「〜ごろ, 〜について」	*about* six（6 時ごろ）

テストでは 次の（　）に適する語を入れなさい。

❶ He knows a lot (　　　) animals.　　（動物についての多くのこと）
❷ This is a picture (　　　) my family.　（家族の写真）

解答 ③ ❶before ❷after
④ ❶about ❷of

part 1
Ｓ Ｃ
Ｖ Ｏ
文法編

1〜6
7〜15
16〜25
26〜33
34〜41
42〜49

part 2
😊
会話・資料編

50〜51
52〜55

part **1**

S V O C
文法編

41. I want to ~. / They look happy.

① want to do ~の形とは ★★

I **want to** help you.
（私はあなたを手伝いたいです。）

ここ重要

〈want to ＋動詞の原形〉「〜したい」
〈want to be 〜〉「〜になりたい」

ここ注意！ 主語が 3 人称単数の現在の文のときは wants を使う。
He wants to go to America. 「彼はアメリカに行きたいと
思っています。」

テストでは 次の（　）に適する語を入れなさい。

❶ I (　　) to (　　) a doctor.　（私は医者になりたいです。）
❷ Mika (　　) to (　　) shopping.　（ミカは買い物に行きたい。）

② try to do ~の形とは ★★

現在形の be 動詞も
復習しておこう。

I **try to** talk with Mike.
（私はマイクと話そうとしています。）

ここ重要

try は「〜に挑戦する」，try to 〜で「〜しようとする」と
いう意味になる。

ほかにも以下の表現がある。
・like to 〜「〜することが好き」　・need to 〜「〜する必要がある」

テストでは 次の（　）に適する語を入れなさい。

❶ We (　　) (　　) clean our classroom.　（私たちは教室を掃除する
　　　　　　　　　　　　　　　　　　　　　　　　必要があります。）
❷ Mary (　　) (　　) write kanji.　（メアリーは漢字を書こうとして
　　　　　　　　　　　　　　　　　　　　　　　います。）

解答
① ❶ want, be　❷ wants, go
② ❶ need to　❷ tries to

得点 UP!

① 〈want to ＋動詞の原形〉で「～したい」という意味。
② 〈look〔sound〕＋形容詞〉は「～そうに見える〔聞こえる〕」という意味。

③ look ＋形容詞の形とは ★★

They look happy.
（彼らはうれしそうに見えます。）

これ暗記 〈look ＋形容詞〉は「～そうに（のように）見える」意味である。

You are busy.	あなたは忙しいです。
You look busy.	あなたは忙しそうに見えます。

○よく使われる形容詞　happy「幸せな」，sad「悲しい」，angry「怒っている」，sleepy「眠い」，nervous「緊張している」など

テストでは 次の（　）に適する語を入れなさい。

❶ You (　　　) (　　　). （あなたは眠そうに見えます。）
❷ She (　　　) (　　　). （彼女は緊張しているように見えます。）

④ sound ＋形容詞の形とは ★★

Your plan sounds interesting.
（あなたの計画はおもしろそうです〔おもしろそうに聞こえます〕。）

ここ重要 〈sound ＋形容詞〉は「～そうだ」の意味である。

Your plan looks interesting.	（計画を目で見て）あなたの計画はおもしろそうです。
Your plan sounds interesting.	（計画を耳で聞いて）あなたの計画はおもしろそうです。

Sounds interesting. 「おもしろそうですね」と主語が省略されることもある。

テストでは 次の（　）に適する語を入れなさい。

❶ Your story (　　　) difficult. （あなたの話は難しそうに聞こえます。）
❷ (　　　) great! （すごいね！）

解答 ③ ❶ look sleepy　❷ looks nervous
④ ❶ sounds　❷ Sounds

part 1
S V C O
文法編

1～6
7～15
16～25
26～33
34～41
42～49

part 2
会話・資料編

50～51
52～55

まとめテスト⑤

1 次の日本文に合うように，（　）内に適する語を入れなさい。

□ ❶ 私は本を読んでいるところです。

　　I (　　) (　　) a book.

□ ❷ 机の上にりんごが3個あります。

　　(　　) (　　) three apples on the desk.

□ ❸ 私はオーストラリアに行きたいです。

　　I (　　) (　　) go to Australia.

□ ❹ 彼は忙しそうに見えます。

　　He (　　) (　　).

2 次の（　）の語を正しい形にかえなさい。（1語とは限らない。）

□ ❺ Masao always (come) to school at 8：30.　　　　〔神奈川—改〕

□ ❻ What are you (do)?

□ ❼ They are (sit) on the bench.

□ ❽ Who (make) a cake? — My mother is.

□ ❾ Where is your father (write) a letter?

□ ❿ She (do) her homework every day.

------------------------------- **ヒント** -------------------------------

❷複数のものがあるときは There are ～。 ❸「～したい」は want to ～。 ❹「～そうに見える」は look ～。　❺「マサオはいつも8時30分に学校に来ます。」【注意】always とあるので現在形の文。　❻「あなたは何をしていますか」❼「彼らはベンチに座っています。」❽「だれがケーキを作っていますか。—私の母です。」❾「あなたのお父さんはどこで手紙を書いていますか。」❿「彼女は毎日宿題をします。」【注意】every day とあるので，現在形の文。

解答 ❶ am reading ❷ There are ❸ want to ❹ looks busy
❺ comes ❻ doing ❼ sitting ❽ is making ❾ writing
❿ does

3 次の（ ）に is または are を入れなさい。

☐ ⓫ How many children (　　　) there in the park?

☐ ⓬ There (　　　) not any chairs in the room.

☐ ⓭ (　　　) there a lot of people in the store?

☐ ⓮ Yumi and I (　　　) in Osaka now.

☐ ⓯ What (　　　) on the table?

　　　— There (　　　) two notebooks and three pens.

☐ ⓰ There (　　　) some water in the glass.

☐ ⓱ There (　　　) a lot of snow on the street.

4 次の（ ）に正しい前置詞を入れなさい。

☐ ⓲ Our school begins (　　　) April.

☐ ⓳ She walks (　　　) school every day.

☐ ⓴ How many classes do you have (　　　) Saturday?

☐ ㉑ I study math (　　　) the morning.

☐ ㉒ Let's eat lunch (　　　) noon.

☐ ㉓ I usually go to school (　　　) bus.

☐ ㉔ She is playing tennis (　　　) her friend.

- - - - - - - - - - - - - - - - - ▶ ヒント ◀ - - - - - - - - - - - - - - - -

⓫「公園には何人の子どもたちがいますか。」⓬「部屋には1脚もいすがありません。」⓭「店にはたくさんの人がいますか。」⓮「ユミと私は今大阪にいます。」⓯「テーブルの上には何がありますか。―2冊のノートと3本のペンがあります。」⓰「グラスにいくらかの水があります。」⓱「通りにはたくさんの雪があります。」⓲「学校は4月に始まります。」⓳「彼女は毎日歩いて学校へ行きます。」⓴「あなたは土曜日，授業が何時間ありますか。」㉑「私は午前中数学を勉強します。」㉒「正午に昼食を食べましょう。」㉓「私はたいていバスで学校に行きます。」㉔「彼女は友達とテニスをしています。」

- -

 解答 ⓫ are ⓬ are ⓭ Are ⓮ are ⓯ is / are ⓰ is ⓱ is
⓲ in ⓳ to ⓴ on ㉑ in ㉒ at ㉓ by ㉔ with

part 1 S C V O 文法編

1〜6

7〜15

16〜25

26〜33

34〜41

42〜49

part 2 会話・資料編

50〜51

52〜55

42. I played ~. / He was ~.

月　　日

1 過去形とは ★

> **I played baseball yesterday.**
> （私は昨日野球をしました。）

←	過去形		現在形	→
きのう （昨年　など）	～だった ～した	今	～である ～する	
	play**ed**		play(s)	

テストでは 次の（　）に適する語を入れなさい。

「昨日～した」のように（　　　）について述べるとき，英語では，動詞の（　　　）を使う。たとえば open「あける」のような動詞は（　　　）「あけた」とかわる。

2 be 動詞の過去形は ★★★

> **He was ten years old last year.**
> （彼は昨年 10 歳でした。）

He **is** eleven years old *now*.
　↓ （今11歳である）↓（今）
He **was** ten years old *last year*.
　　（昨年10歳だった）（昨年）

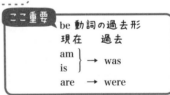

ここ重要

be 動詞の過去形
現在		過去
am	}	
is	} →	was
are	→	were

テストでは 次の（　）に was または were を入れなさい。

❶ I (　　) very tired last night.
❷ You (　　) late for school yesterday.
❸ Ken (　　) a high school student last year.

- -

解答 ❶ 過去，過去形，opened
❷ ❶ was ❷ were ❸ was

得点 UP!
① be 動詞の過去形は，am, is → was, are → were。
② 過去の疑問文は〈was（were）＋主語〜？〉と be 動詞を文頭に。

③ **was，were の疑問文のつくり方と答え方は** ★★

Were you a college student then?
（あなたはそのとき大学生でしたか。）

You **were** a student *then*.

Were you a student *then*?　（そのとき）

ここ重要：be 動詞の過去の疑問文
Was
Were ｝＋主語〜？

答え方 ｛ Yes, I was.
No, I was not（wasn't）.

〜 I were. としないように！

 次の（　）に適する語を入れなさい。

❶ （　　） he a doctor then?
❷ （　　） they high school students last year?

④ **was，were の否定文のつくり方は** ★★

I was not in Osaka last year.
（私は昨年大阪にいませんでした。）

肯定文　I　was　in Osaka *last year*.
否定文　I　was not　in Osaka *last year*.
　　　　＝ wasn't
　　　　You　were not　in Osaka *last year*.
　　　　＝ weren't

テストでは 次の（　）に適する語を入れなさい。

❶ He （　　）（　　） busy yesterday.（彼は昨日忙しくなかった。）
❷ They （　　） in Kyoto last month.（彼らは先月京都にいなかった。）

 解答
③ ❶ Was ❷ Were
④ ❶ was not ❷ weren't

part
1
S V
O C
文法編

1〜6
7〜15
16〜25
26〜33
34〜41
42〜49

part
2
会話・資料編
50〜51
52〜55

| 42 | I played 〜. / He was 〜. | 99

43. He studied ～.

① 一般動詞の過去形は ★★★

He watched TV last night.
（彼は昨夜テレビを見ました。）

ここ重要
〈動詞の原形＋ ed〉で表す，played，worked，helped，wanted，などを規則動詞という。

現在形 He **watches** TV *every night.*
↓
過去形 He **watched** TV *last night.*

テストでは 次の（ ）に右から適する語を選んで入れなさい。

❶ I ( ) tennis every Sunday.　　ア helped　イ played
❷ She ( ) her mother yesterday.　ウ worked　エ play
❸ He ( ) very hard last year.

② 規則動詞の -ed のつけ方は ★★★

He studied English yesterday.
（彼は昨日英語を勉強しました。）

ここ重要
規則動詞の過去形〈原形＋ ed〉の ed のつけ方は動詞の語尾によって変わる。

ふつうの語	-e で終わる語	〈子音字＋ y〉の語	〈短母音＋子音字〉
-ed	-d だけをつける	y を i にかえて -ed	語尾を重ねて -ed
played opened	liked danced	studied tried	stopped dropped

テストでは 次の（ ）の語を正しい形にかえなさい。

❶ I (help) my father last Saturday.
❷ He (study) math yesterday.
❸ We (like) them very much last year.

解答 ① ❶エ ❷ア ❸ウ ② ❶ helped ❷ studied ❸ liked

得点 UP! ①規則動詞の過去形は〈動詞の原形＋ed〉が原則。
②過去を表す語(句)(last 〜，〜 ago など)があったら過去形。

③ 過去形の -ed の発音 ★★

> **He visited her house last Sunday.**
> （彼はこの前の日曜日彼女の家を訪れました。）

ここ重要 過去形の -ed の発音は，次のように分類される。

[-t] ト	[-d] ド	[-id] イド
語尾が [-t] 以外の無声音のとき	語尾が有声音のとき	語尾が t, d のとき
looked	played	visited

テストでは 次の各語の -ed の発音が❶ [-t]，❷ [-d]，❸ [-id] になるものを下から選び，それぞれ記号で答えなさい。

ア wanted　イ liked　ウ looked　エ stayed
オ studied　カ stopped　キ visited　ク closed

④ 過去を表す語(句)は ★★

> **He lived in Los Angeles five years ago.**
> （彼は 5 年前ロサンゼルスに住んでいました。）

過去を表す語

last year「昨年」	yesterday「昨日」
last week「先週」	〜 ago「〜前」
last night「昨夜」	then「そのとき」
last Sunday「この前の日曜日」	

テストでは 次の( )に適する語を入れなさい。

❶ I played soccer (_____) week.（先週）
❷ He was in Kyoto three years (_____).（3 年前）

- -

解答 ③ ❶イ，ウ，カ　❷エ，オ，ク　❸ア，キ
④ ❶last ❷ago

| 43 | He studied 〜 . | 101

part 1
S V O C
文法編

1〜6
7〜15
16〜25
26〜33
34〜41
42〜49

part 2
会話・資料編

50〜51
52〜55

月　日

44. Did you play ～?

1 過去形の疑問文のつくり方と答え方は ★★★

> **Did** you play the drums yesterday?
> （あなたは昨日ドラムをたたきましたか。）

You **played** the drums.

（過去形）

Did you *play* the drums?

└ 動詞の原形にもどす。

現在形 → Do, Does
過去形 → Did

答え方 Yes, I <u>did</u> . No, I <u>did not(didn't)</u> .

テストでは 次の（　）に適する語を入れて疑問文にしなさい。

❶ He studied math. → (　　) he (　　) math?
❷ You lived in Kobe. → (　　) you (　　) in Kobe?
❸ Mai played tennis. → (　　) Mai (　　) tennis?

2 過去形の否定文のつくり方 ★★

> **I did not** watch TV last night.
> （私は昨夜テレビを見ませんでした。）

I <u>watched</u> TV.

↓（過去形）

I <u>did not</u> *watch* TV.

＝ didn't ↑

動詞の原形にもどす。

現在形 → { don't
　　　　 doesn't
過去形 → didn't
（短縮形も覚えよう）

テストでは 次の（　）に適する語を入れなさい。

❶ Mary (　　) not help her mother yesterday.
（メアリーは昨日お母さんを手伝いませんでした。）
❷ He did (　　) listen to the CD. （彼は CD を聞きませんでした。）
❸ She (　　) read a book last night.
（彼女は昨夜本を読みませんでした。）

- -
解答 1 ❶ Did, study ❷ Did, live ❸ Did, play
2 ❶ did ❷ not ❸ didn't

① 過去の疑問文は〈Did + 主語 + 動詞の原形〜?〉の形。
② He didn't do.のdoは「〜する」という意味の動詞。

part
1

Ｓ
Ｖ
Ｃ
Ｏ

文法編

1
〜
6

7
〜
15

16
〜
25

26
〜
33

34
〜
41

42
〜
49

③ do, does, did の関係は ★

> **Did he visit Kyoto last Sunday?**
> （彼はこの前の日曜日に京都を訪れましたか。）

現在形　　　　　　　　　　　過去形

You **don't** play tennis. ──┐
　　　　　　　　　　　　　　　You
　　　　　　　　　　　　　　　　　　　　　　didn't play tennis.
He <u>doesn't</u> play tennis. ──┘ *He*
└─ 3 人称単数

👉 **ここ注意！** 主語に関係なく過去形の文では did を使う。

テストでは 次の（　）にdo, does, didのいずれかを入れなさい。

❶ (　　　　) they play soccer yesterday?
❷ (　　　　) he study English every day?

④ 一般動詞としての did の使い方は ★★

> **He <u>did</u> his homework yesterday.**
> （彼は昨日宿題をしました。）

肯定文　　　　　　He　　　*did*　his homework.
疑問文　<u>Did</u>　he　　do　his homework?
　　　　　　　　　　　　└─── 原形
否定文　He　<u>didn't</u>　do　his homework.
　　　　　　　　　　　　　└─── 原形

テストでは 次の（　）から正しい語を選びなさい。

❶ My brother didn't (do, does) his work.
❷ (Did, Does) he (do, does, did) his homework last night?

文法編

月　日

45. I went 〜.

① 不規則動詞の過去形 ★★★

> **I <u>went</u> to school yesterday.**
> （私は昨日学校へ行きました。）

ここ重要
go → went, come → came, see → saw, have → had
など不規則に変化する動詞を<u>不規則</u>動詞という。

現在形　I　*go*　to school *every day.*
↓
過去形　I　<u>went</u> to school *yesterday.*

go に ed をつけて
go<u>ed</u> にしない。

テストでは　次の（　）の語を正しい形にかえなさい。

❶ He (go) to the station with her yesterday.
❷ I (have) a dog last year.

② 不規則動詞の変化のしかたは ★★

> **She <u>spoke</u> English very well.**
> （彼女はとてもじょうずに英語を話しました。）

文字が 1 字かわる	全く異なる	変化しない
know → **knew**	speak → <u>spoke</u>	put → <u>put</u>
make → <u>made</u>	say → <u>said</u>	cut → <u>cut</u>
get → <u>got</u>	take → took	hit → <u>hit</u>

テストでは　次の（　）に下から適する語を選んで入れなさい。

❶ He (　　) up at six.　❷ I (　　) to bed about ten.
❸ My brother (　　) her.　❹ She (　　) to me, "Hello."
　ア went　イ said　ウ got　エ knew

解答　❶ ❶ went　❷ had
　　　　❷ ❶ ウ　❷ ア　❸ エ　❹ イ

part 1 Ⓢ Ⓥ Ⓞ 文法編

1～6
7～15
16～25
26～33
34～41
42～49

part 2 ☺ 会話・資料編

50～51
52～55

得点 UP!
① go，see などは過去形が不規則に変化する動詞。
② read の過去形はつづりは同じでも発音はかわる。

③ 不規則動詞の疑問文と否定文のつくり方は ★★★

Did he know the news?
（彼はその知らせを知っていましたか。）

did がついたら
必ず原形！

肯定文　He **knew** the news.
（過去形）

疑問文　**Did** he **know** the news?
━原形━

否定文　He **did not**(**didn't**) **know** the news.

テストでは　次の（ ）に適する語を入れなさい。

❶ ( ) he come here yesterday? — No, he ( ).
❷ I ( ) go to the park last Saturday. I ( ) to the library.

④ 注意すべき不規則動詞 ★★

She read a book in the library.
（彼女は図書館で本を読みました。）

現在形なら3単現の s
She reads a book.
[ri:dz]

She **read** a book. →
[réd]

He has ⎱ a radio. → 過去形は → He ⎱ **had** a radio.
I have ⎰ 　　　　　　　　　I ⎰

テストでは　次の英文で正しいものを2つ選びなさい。

ア She didn't reads a book.　イ She reads a book.
ウ Does she reads a book?　エ She read a book yesterday.

解答　③ ❶ Did / didn't　❷ didn't / went
④ イ，エ

part1

S
C
V
O

文法編

46. What did you ～?

① What did ～? の文と答え方は ★★

> **What did you see ? — I saw many birds.**
> （あなたは何を見ましたか。）（たくさんの鳥を見ました。）

ここ重要　疑問詞が文頭にある過去の疑問文なので，saw のように<u>過去形</u>を使って答える。

What did you see?　　　　（何を見ましたか。）
（何を）
I **saw** *many birds*.　　　　（たくさんの鳥を見ました。）

テストでは　次の（　）に適する語を入れなさい。

❶ What did he want? — He (　　　) a good camera.
❷ What did you (　　　)? — I made a birthday cake.
❸ (　　　) did she read? — She (　　　) a textbook.

現在形の疑問文の
ときは does を使うよ。

② What did you do? の文と答え方は ★★

> **What did you do yesterday?**
> （あなたは昨日何をしましたか。）

ここ重要　疑問詞が文頭にある過去の疑問文なので，<u>一般動詞の過去形</u>を使って答える。

What did you do yesterday?　　（昨日何をしましたか。）

答え方
I **wrote** a letter.　　　（手紙を書きました。）
I **ran** in the park.　　　（公園を走りました。）
I **did** my homework.　　（宿題をしました。）

テストでは　次の（　）から適する語を選びなさい。

❶ What (did, do, does) he do? He took pictures.
❷ What (did, do, does) he do? He takes pictures.

- - - - - - - - - -

解答 　① ❶ wanted　❷ make　❸ What / read
　　　② ❶ did　❷ does

得点 UP! ① 〈what〔when, where〕+ did + 主語 + 動詞の原形 ～?〉
② 〈who + 動詞の過去形 ～?〉の答え方は〈主語 + did.〉

③ When〔Where〕did ～? の文と答え方は ★★

> **When did you study English?**
> （あなたはいつ英語を勉強しましたか。）

When did you **study**? → I **studied** *after dinner*.
いつ （夕食後）

Where did you **play** soccer? → I **played** it *in the park*.
どこで （公園で）

テストでは 次の（ ）に適する語を入れなさい。

❶ （　　　　　）did you run?
　　 — I （　　　　）in the park.
❷ （　　　　　）did you visit your aunt?
　　 — I （　　　　）her last Sunday.

④ 〈Who + 過去形 ～?〉の文と答え方は ★★★

> **Who made a cake? — My mother did.**
> （だれがケーキをつくりましたか。）（私の母がつくりました。）

過去形 <u>Who</u> made a cake? → *My mother* <u>did</u>.
　　　　 主語

☞ ここ注意！ Who ~~did make~~ ～? としない。

現在形 Who make*s* a cake? → { *My mother* <u>does</u>.
　　　　　　└3人称単数 └3単現の s 　　{ *They* do.
　　　　　　　　　　　　　　　　　　　（主語）

テストでは 次の（ ）に適する語を入れなさい。

❶ （　　　　）came to your house? — Ken did.
❷ Who used this computer? — Many students（　　　　）.

解答 ③ ❶ Where / ran　❷ When / visited
　　　 ④ ❶ Who　❷ did

part 1
S V O C
文法編

1～6
7～15
16～25
26～33
34～41
42～49

part 2
会話・資料編

50～51
52～55

47. He was washing ～.

① 過去進行形とは ★★

> **He was washing his car then.**
> （彼はそのとき，自分の車を洗っていました。）

過去進行形は〈was [were] ＋現在分詞形（動詞の～ing 形）〉という形。

> **ここ重要**
> 主語が I, 3 人称単数 → 〈was＋動詞の～ing 形〉
> 主語が you, 複数 → 〈were＋動詞の～ing 形〉

テストでは 次の（　）に was または were を入れなさい。

❶ She (　　　) using a computer.
❷ Mike and Bob (　　　) running in the park.

② 過去進行形の否定文の形とは ★★

主語によって
be 動詞の種類
を判断しよう。

> **He was not washing his car then.**
> （彼はそのとき，自分の車を洗っていませんでした。）

He wasn't washing his car then.
└ 短縮形を使うこともできる

was not→wasn't
were not→weren't

ここ注意！ 過去進行形の否定文は〈was [were] ＋not＋動詞の～ing 形〉という形。
He *did* not washing ～ . としない。

テストでは 次の（　）に下から適する語を選んで入れなさい。

❶ Yuki (　　　) not cleaning the room.
❷ We weren't (　　　) lunch.

ア did　　イ have　　ウ having　　エ was　　オ were

解答 ① ❶ was ❷ were
② ❶ エ ❷ ウ

① 〈was〔were〕+〜ing〉「（過去に）〜していました」。
② 疑問文のつくり方は現在進行形のときと同じ形。

③ 過去進行形の疑問文の形とは ★★

> **Was** he <u>washing</u> his car then?
> （彼はそのとき，自分の車を洗っていたのですか。）

肯定文 He **was washing** his car then.

↓ 主語の前に was〔were〕を置く。

疑問文 **Was** he **washing** his car then?

テストでは 次の（　）に適する語を入れなさい。

❶ （　　　） Mai （　　　） at three? （マイは3時に，泳いでいましたか。）
❷ （　　　） they （　　　） lunch at noon?
（彼らは正午に昼食を作っていましたか。）

④ 進行形にならない動詞 ★★★

> **Did you** <u>know</u> him?
> （あなたは彼を知っていましたか。）

 状態を表す動詞は進行形にはしない。
× ~~Were you knowing him?~~

進行形になる動詞	go, come, walk, run などの動作を表す動詞。
進行形にならない動詞	live, know, have(もっている), like, love, see などの<u>状態</u>を表す動詞。

テストでは 進行形にできる文には○，できない文には×をつけなさい。

❶ I hear from him.
❷ He listened to the radio.

 ③ ❶ Was, swimming ❷ Were, cooking〔making〕
④ ❶ × ❷ ○

文法編
S
V
C
O

月　日

48. I am going to ～.

① 未来の表し方は ★★★

I am going to visit Okinawa tomorrow.
（私は明日沖縄を訪れるつもりです。）

ここ重要 〈主語 + be going to + 動詞の原形〉で「～するつもり」、「～だろう」の意味になる。

現在	He visits London every year.
過去	He visited London last year.
未来	He is going to visit London next year.

テストでは 次の（　）の正しい語を選びなさい。

❶ Ken (ア is イ was ウ does) going to leave tomorrow.
❷ Jane is going to (ア studies イ study ウ studying).

② be going to ～の否定文の語順は ★★

I am not going to study this afternoon.
（私は今日の午後は勉強しないつもりです。）

ここ重要 be 動詞のあとに not をおいて、「～しないつもり」、「～しないだろう」の意味を表す。

肯定文	He is going to come.（彼は来るだろう。）
否定文	He is not going to come.（彼は来ないだろう。）

ここ注意！ 否定の短縮形 → isn't, aren't

テストでは 次の（　）の正しい語を選びなさい。

❶ (ア I'm not イ I don't) going to use it.
❷ Jane and I (ア am イ is ウ are) not going to sing.

解答 ❶ ❶ア ❷イ　❷ ❶ア ❷ウ

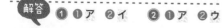

得点 UP! ① 未来を表す語（句）があれば未来の形にする。
② be going to のあとの動詞は原形。

③ be going to 〜 の疑問文の語順は ★★

Are you going to make a cake? — Yes, I am.
（あなたはケーキをつくるつもりですか。—はい、つくるつもりです。）

ここ重要
be 動詞を主語の前に出して、Are you going to 〜? の語順。
「〜するつもりですか」、「〜するつもりでしょうか」の意味。

疑問文	be 動詞＋主語〜？
否定文	主語＋be 動詞＋not 〜。

ふつうの be 動詞の文と同じ作り方だよ。

テストでは 次の（ ）に適する語を入れなさい。

❶ ( ) the boys going to play baseball or soccer?
❷ ( ) your brother going to work there?

④ 未来を表す語句のいろいろ ★★★

She is going to get up early tomorrow.
（彼女は明日早く起きるつもりです。）

tomorrow は未来を表す語なので、未来の文にする。

tomorrow	明日	→ tomorrow morning　明日の朝

next week	来週

next month	来月

next year	来年

soon	すぐに

some day	いつか

こういう語句があれば未来の文だよ。

テストでは 日本語に合うように（ ）に適する語を入れなさい。

❶ 明日は映画を見るつもりです。　I'm going to see a movie ( ).
❷ あなたは来年カナダを訪れるつもりですか。
　Are you going to visit Canada ( ) year?

解答
③ ❶ Are ❷ Is
④ ❶ tomorrow ❷ next

49. I will go to 〜.

1 will を用いて be going to 〜 をいいかえる ★★★

> I <u>will</u> go to New York next month.
> （私は来月ニューヨークに行きます。）

ここ重要　be going to は <u>will</u> にいいかえることができる。

He <u>is going to</u> help you.
= He <u>will</u> help you.
　　　└ 原形

ここ注意！　will は can と同じ
助動詞。

●覚えておきたい短縮形
```
I will = I'll
he will = he'll
you will = you'll
it will = it'll
```

テストでは　次の（　）の正しい語を選びなさい。

❶ He will (ア visits　イ visit) America next week.
❷ They'll (ア comes　イ come　ウ coming) home tomorrow.

2 be 動詞の未来形は ★★★

> It <u>will be</u> fine <u>tomorrow</u>.
> （明日は晴れだろう。）

ここ重要　am, are, is の原形は be なので, 未来のことは〈主語+ will <u>be</u> 〜 .〉または,〈主語+ be going to be 〜 .〉で表す。

現在形	He is free now.
未来形	He will be free tomorrow. He is going to be free tomorrow.

テストでは　次の（　）に適する語を入れなさい。

❶ Jane (　　　) be a doctor some day.
❷ It is (　　　) to be rainy soon.

解答　❶ ❶ イ　❷ イ　　❷ ❶ will　❷ going

得点 UP! ① will は can を同じ助動詞で，未来であることを表す。
② 疑問文や否定文のつくり方は can のときと同じ。

part
1
(S V C)
文法編

1〜6
7〜15
16〜25
26〜33
34〜41
42〜49

part
2
会話・資料編

50〜51
52〜55

③ will を用いた疑問文の形とは ★★

> **Will you come tomorrow? — No, I will not [won't].**
> （あなたは明日きますか。—いいえ，そうしません。）

肯定文	You will come tomorrow.
疑問文	疑問文は will を主語の前に出して〈Will＋主語＋動詞の原形〜?〉。 Will you come tomorrow?
答え方	Yes, I will . / No, I will not .

ここ重要 will not の短縮形 won't は [wount(ウォウント)] と発音する。

テストでは 次の（ ）内の正しい語を選びなさい。

❶ (ア Is イ Does ウ Will) he study tomorrow?
❷ Will your sister (ア study イ studies ウ studied) English today?

④ 過去進行形の否定文の形とは ★★

> **I will not come tomorrow.**
> （私は明日きません。）

肯定文	I will come tomorrow. 否定文は will のあとに not を置いた〈主語＋will＋not＋動詞の原形〜.〉。
否定文	I will not[won't] come tomorrow.

テストでは 次の（ ）に適する語を入れなさい。

❶ He (　　) not (　　) soccer next week.
（彼は来週サッカーをしません。）
❷ We (　　) (　　) her tomorrow.
（私たちは明日彼女を訪ねません。）

解答 ③ ❶ ウ ❷ ア
④ ❶ will, play ❷ won't visit

まとめテスト⑥

1 次の( )内の語を正しい形に書きかえなさい。

☐ ❶ My father (use) this computer last night.

☐ ❷ My sister (go) to the park this morning.

☐ ❸ Yuki was (run) there.

☐ ❹ Were you (listen) to music?

☐ ❺ I (am) twelve years old last year.

☐ ❻ (Are) you in the park yesterday? — Yes, I (am).

2 次の日本語に合うように，( )内に適する語を入れなさい。

☐ ❼ 彼は昨日ここに来ました。

　　He ( ) here yesterday.

☐ ❽ 私は先週ロンドンにいました。

　　I ( ) in London last week.

☐ ❾ 彼女はあなたのカメラを使っていました。

　　She ( ) ( ) your camera.

☐ ❿ 私は来月，北海道へいくつもりです。

　　( ) ( ) to go to Hokkaido.

☐ ⓫ 彼は明日，学校に来ないでしょう。

　　He ( ) come to school tomorrow.

------------------------------ ヒント ------------------------------

❶「私の父は昨夜このコンピュータを使いました。」❷「私の姉〔妹〕は今朝公園に行きました。」❸「ユキはそこで走っていました。」❹「あなたは音楽を聞いていましたか。」❺「私は昨年 12 歳でした。」❻「あなたは昨日公園にいましたか。—はい，いました。」❼ come は不規則動詞。過去形は came ❽「いました」は be 動詞で表す。 ⓫短縮形 won't を使う。

- - - - - 解答 - - - - -

❶ used　❷ went　❸ running　❹ listening　❺ was
❻ Were / was　❼ came　❽ was　❾ was using
❿ I'm going　⓫ won't

3 次の日本文に合うように，（　）内の語を並べかえて順に記号で答えなさい。

☐ ⑫ あなたは3日前，どこでサッカーをしましたか。

（ア days　イ soccer　ウ did　エ three　オ play　カ where　キ you) ago?

☐ ⑬ あなたは昨日，大阪にいましたか。

（ア you　イ Osaka　ウ in　エ were) yesterday?

☐ ⑭ 彼らは昨日，家にいませんでした。

（ア were　イ home　ウ not　エ they　オ at) yesterday.

☐ ⑮ 彼らはそのとき本を読んでいましたか。

（ア they　イ reading　ウ book　エ a　オ were) then?

☐ ⑯ あなたはレストランで夕食を食べる予定ですか。

（ア to　イ you　ウ eat　エ going　オ are　カ at　キ dinner) the restaurant?

☐ ⑰ 私は明日パーティーに行きません。

I （ア not　イ party　ウ the　エ will　オ go　カ to) tomorrow.

☐ ⑱ マサヤはいつ東京に滞在する予定ですか。

（ア going　イ when　ウ stay　エ Masaya　オ is　カ to　キ in) Tokyo?

☐ ⑲ あなたのお父さんは昨夜7時，何をしていましたか。

（ア your father　イ doing　ウ what　エ at　オ seven　カ was) last night?

------------------------ ヒント ------------------------

⑫「どこで」の where を文頭に置いて，一般動詞の疑問文の語順を続ける。　⑭ be 動詞の過去の否定文。were のあとに not を置く。　⑮ 過去進行形の疑問文。were を主語の前に置く。　⑱ when を文頭に置いて，be going to の疑問文を続ける。

解答 ⑫ カウキオイエア　⑬ エアウイ　⑭ エアウオイ　⑮ オアイエウ
⑯ オイエアウキカ　⑰ エアオカウイ　⑱ イオエアカウキ
⑲ ウカアイエオ

月　日

50. 人と会ったとき

① 友人や知り合いに会ったとき

Fine.
（元気だよ。）

How are you doing?
（元気？）

- How are you? / How are you doing?（元気ですか？）
- Hello. / Hi.（やあ。/ こんにちは。）←朝昼晩いつでも使える。
- Good morning.（おはようございます。）←午前中に使う。
- Good afternoon.（こんにちは。）←午後に使う。
- Good evening.（こんばんは。）←夜に使う。
- What's up?（どうしたの？/ やあ元気？）
- What's wrong?
  What's the matter? 〉（どうしたの？）
  What happened?
- Welcome to our town.（私たちの町へようこそ。）←歓迎のあいさつ
- How was your day?（今日はどうだった？）

② 初対面のあいさつ

<u>Nice to meet you.</u>
（はじめまして。）

<u>Nice to meet you, too.</u>
（こちらこそ，はじめまして。）

Mr. Brown: Hello, Aki.　Nice to meet you.
　　　　　（やあ，アキ。はじめまして。）

Aki: <u>Nice</u> to meet you, too, Mr. Brown.
　　（こちらこそお会いできてうれしいです，ブラウンさん。）

③ 見知らぬ人に何かたずねるとき

<u>Excuse me. Where is the station?</u>
（すみません。駅はどこですか。）

<u>Sorry, I don't know.</u>
（すみません，知りません。）

Woman: <u>Excuse</u> me.　<u>How</u> can I get to the zoo?
　　　　（すみません。どうやったら動物園に行けますか。）

Makoto: Well, go <u>straight</u> to the park and <u>turn</u> left there.
　　　　（ええと，公園までまっすぐ行って左に曲がってください。）

51. 買い物・電話

① 買い物の会話

Clerk: <u>May I help you?</u>（いらっしゃいませ。）

<u>What</u> can I do for you?（何をさしあげましょうか。）

Mike: Well, I want a bag for my mother.

（ええと，お母さんのためにバッグがほしいのです。）

Do you have <u>any nice ones</u>?

（いいのがありますか。）

Clerk: Sure. <u>How about</u> this yellow one? It's popular.

（もちろんです。この黄色のはいかがですか。人気がありますよ。）

Mike: That's nice. <u>How much</u> is it?

（いいですね。いくらですか。）

Clerk: Twenty dollars.

（20ドルです。）

- May(<u>Can</u>) I help you?（いらっしゃいませ。）←店員の決まり文句
- I'm looking for ～.（～をさがしています。）
- I'm <u>just</u> looking.（見ているだけです。）←買うつもりではないとき
- Can I pick it up?（手にとってもいいですか。）
- What size do you want?（どのサイズですか。）
- What color do you like?（何色がいいですか。）
- How about this one?（これはいかがですか。）
- Can I <u>try</u> it <u>on</u>?（試着してもいいですか。）←身につけるものに使う
- How much is ～?（～はいくらですか。）←値段をたずねる
- I'll take this.（これをください。）
- <u>Here</u> you are.（はいどうぞ。）←料金を差しだすとき
- Here's your <u>change</u>.（おつりです。）

得点 UP!
① (円)はyen，(ドル)はdollar。yen は複数形にしない。
② 電話独特の表現を覚えておこう。

② 電話の会話

Andy: Hello. This is Andy Carter.
（もしもし。アンディ・カーターですが。）

May I speak to Dan, please?
（ダンくんをお願いします。）

Ms. Hill: Sorry, he's out now.
（ごめんなさい。今，るすなの。）

Andy: Oh, can I leave a message?
（ああ，伝言をお願いできますか。）

Ms. Hill: Sure.
（いいですよ。）

· Speaking. （私です。）

· This is 〜. （こちらは〜です。）←自分の名前を名のる

· Who's speaking? （どちら様ですか。）

· May I speak to 〜, please? （〜をお願いします。）

　Can I talk to 〜, please?

· Just a minute. （ちょっと待ってください。）

· Hold on, please. （(電話を切らずに)お待ちください。）

· Can I leave a message? （伝言をお願いできますか。）

· Can I take a message? （伝言をお聞きしましょうか。）

· You have the wrong number. （電話番号をお間違いです。）

· I'll call back later. （あとでかけ直します。）

· Thank you for calling. （電話をありがとう。）

52. 発音のまとめ

1 区別すべき母音

[ɑ] : <u>ho</u>spital wh<u>a</u>t b<u>o</u>x l<u>o</u>t w<u>a</u>nt w<u>a</u>tch
[ʌ] : br<u>o</u>ther c<u>ou</u>ntry S<u>u</u>nday c<u>o</u>me c<u>u</u>lture
[æ] : <u>a</u>nimal h<u>a</u>ppy b<u>a</u>ck c<u>a</u>t f<u>a</u>mily c<u>a</u>rry

[e] : d<u>e</u>sk <u>e</u>gg fr<u>ie</u>nd m<u>a</u>ny br<u>ea</u>kfast h<u>ea</u>d
[ei] : g<u>a</u>me f<u>a</u>vorite d<u>ay</u> tr<u>ai</u>n ch<u>a</u>nge gr<u>ea</u>t

[iː] : <u>ea</u>t <u>e</u>vening w<u>ee</u>k fr<u>ee</u> dr<u>ea</u>m p<u>eo</u>ple
[i] : s<u>i</u>t <u>E</u>nglish f<u>i</u>fth l<u>i</u>sten <u>i</u>nteresting b<u>u</u>sy
[ai] : n<u>i</u>ce t<u>i</u>me h<u>i</u>gh Fr<u>i</u>day b<u>y</u> b<u>uy</u>

[au] : <u>a</u>bout <u>a</u>round h<u>ou</u>se m<u>ou</u>th h<u>ow</u> n<u>ow</u>
[ou] : b<u>o</u>th cl<u>o</u>se c<u>o</u>ld h<u>o</u>me kn<u>ow</u> <u>o</u>nly
[ɔː] : <u>a</u>ll b<u>a</u>ll c<u>a</u>ll f<u>a</u>ll sm<u>a</u>ll t<u>a</u>lk t<u>a</u>ll w<u>a</u>lk

[u] : c<u>oo</u>k g<u>oo</u>d l<u>oo</u>k w<u>o</u>man w<u>o</u>uld
[uː] : f<u>oo</u>d aftern<u>oo</u>n J<u>u</u>ne m<u>oo</u>n n<u>oo</u>n sch<u>oo</u>l
[ɑːr] : c<u>ar</u> h<u>ar</u>d l<u>ar</u>ge M<u>ar</u>ch p<u>ar</u>k p<u>ar</u>ty
[əːr] : b<u>ir</u>d f<u>ir</u>st <u>ear</u>ly l<u>ear</u>n th<u>ir</u>d g<u>ir</u>l w<u>or</u>ld
[ɔːr] : bef<u>ore</u> d<u>oor</u> f<u>our</u> m<u>or</u>ning sh<u>or</u>t w<u>ar</u>m

[iər] : d<u>ear</u> y<u>ear</u> h<u>ear</u> h<u>ere</u>
[eər] : ch<u>air</u> h<u>air</u> th<u>ere</u> th<u>eir</u> wh<u>ere</u> car<u>e</u>ful
　★ [s] と [ʃ], [θ] と [ð] の発音も区別しておこう。

得点 UP! ①母音の発音を区別しよう。
②変化形の語尾の発音を覚えておこう。

part 1 S V O 文法編

1〜6
7〜15
16〜25
26〜33
34〜41
42〜49

② 変化形の語尾の発音

(1) -(e)s の発音

[s]：名詞 desks　books　bikes　cups
　　　動詞 likes　speaks　talks　walks

[z]：名詞 dogs　cars　tables　bags　animals
　　　動詞 comes　plays　listens　goes

[iz]：名詞 boxes　buses　houses　glasses　horses
　　　　動詞 watches　teaches　catches　finishes
　　★ house[haus]は複数形になると houses[hauziz]と変化する。

(2) -(e)d（規則動詞の過去形の語尾）の発音

[d]：played　studied　called　enjoyed　used
[t]：looked　talked　watched　helped
　　★[t][d]で終わる語の -ed は[id]と発音する。
[id]：wanted　needed　waited　visited

③ その他の発音

(1) 発音されない文字

know [nou]　write [rait]　right [rait]
listen [lisn]　eight [eit]　Wednesday [wenzdei]
　★ gh は発音しないことが多いけれど enough は[f]と発音。

(2) つづりと発音を間違いやすい単語

science　guitar　soccer
foreign　news　kitchen

(3) 異なるつづりで発音が同じ単語

see（見る）— sea（海）　　hour（時間）— our（私たちの）
son（息子）— sun（太陽）

月　日

53. 重要連語のまとめ

① 動詞を使った連語

(1) 目的語が必要な連語

get to ～（～に着く）　　look at ～（～を見る）

listen to ～（～を聞く）

help ～ with …（～の…を手伝う）

talk with ～（～と話す）

write to ～（～に(手紙を)書く）

wait for ～（～を待つ）

take care of ～（～の世話をする）

agree with ～（～に賛成する）

(2) 目的語が不要な連語

get up（起きる）　　go to bed（寝る）

sit down（座る）

stand up（立ち上がる）

go out（外出する）

come back（もどる）

take a picture（写真を撮る）

take a bath（風呂に入る）

have a good time（楽しい時を過ごす）

② go ～ ing の形の連語

go shopping（買い物に行く）

go swimming（泳ぎに行く）

go skiing（スキーに行く）

go camping（キャンプに行く）

go jogging（ジョギングに行く）

go skating（スケートに行く）

go hiking（ハイキングに行く）

得点 UP! ① go ~ ing「~（し）に行く」
② ⟨by +乗り物⟩で,「~で」の意味。

part 1
S V O C
文法編

1 ~ 6

7 ~ 15

16 ~ 25

26 ~ 33

34 ~ 41

42 ~ 49

part 2
会話・資料編

50 ~ 51

52 ~ 55

③ ⟨by +乗り物⟩（~で）の形の連語

by bus（バスで）　　　　by bike（自転車で）

by train（電車で）　　　by plane（飛行機で）

by car（車で）　　　　　by taxi（タクシーで）

★関連する連語をまとめて覚えておこう。

④ 時・場所を表す連語

(1) 時を表す連語

in the morning（午前に）　　　at night（夜に）

after school（放課後）　　　　one day（ある日）

every day（毎日）　　　　　　last night（昨夜）

in class（授業中に）

(2) 場所を表す連語

over there（向こうに）　　　in front of~（~の前に）

near here（このあたりに）　　at home（家で）

⑤ その他の重要連語

very much（たいへん，ひじょうに）

a lot（たくさん）　　　　　　a lot of ~（たくさんの~）

from ~ to …（~から…まで）　for the first time（初めて）

at last（とうとう，ついに）　for the first time（初めて）

　　　　　　　　　　　　　at first（最初は）

for example（たとえば）　　　of course（もちろん）

for a long time（長い間）　　　a little（少し）

by the way（ところで）　　　each other（お互いに）

for a while（しばらくの間）　　at once（すぐに）

54. 時制のまとめ

1 現在形のまとめ

My brother <u>is</u> very busy. （私の兄〔弟〕はとても忙しい。）
My brother <u>visits</u> the museum every Sunday.
（私の兄〔弟〕は毎週日曜日に博物館を訪れます。）

ここ注意！　現在形の動詞の形
主語が I，you，複数 → 原形のまま
主語が I，you 以外の単数（3人称単数）→ -(e)s の形

2 過去形のまとめ

My brother <u>lived</u> in New Zealand two years ago.
（私の兄〔弟〕は2年前にニュージーランドに住んでいました。）
My brother <u>visited</u> the museum yesterday.
（私の兄〔弟〕はきのう博物館を訪れました。）

ここ注意！　過去形の動詞の形
規則動詞 → -(e)d の形
不規則動詞 → それぞれ異なる変化

3 未来表現のまとめ

My sister <u>is going to</u> play soccer tomorrow.
≒ My sister <u>will</u> play soccer tomorrow.
（私の姉〔妹〕は明日サッカーをするつもりです。）

ここ注意！　未来表現の使い分け
前もって考えられていたこと，予定されていたこ
と → <u>be going to</u>
決まっていなかったこと，その場の思いつき → <u>will</u>

④ 現在進行形の形

I am doing my English homework now.

be 動詞 + do の～ing 形

（私は今，英語の宿題をしているところです。）

Mike is watching a soccer game on TV now.

be 動詞 + watch の～ing 形

（マイクは今，テレビでサッカーの試合を見ています。）

👆ここ注意！ 現在進行形の形と意味

・形：am / are / is ＋動詞の～ing 形

> ここ重要 　主語が I → am
> you，複数 → are
> 3 人称単数 → is

・意味：～しています / ～しているところです

現在進行形に使わない動詞

like （〜が好きだ）　　　　love （〜が大好きだ）

see （〜が見える）　　　　hear （〜が聞こえる）

want （〜がほしい）　　　　know （〜を知っている）

have （〜をもっている）　　need （〜を必要とする）

⑤ 過去進行形の形

I was watching a baseball game on TV then.

be 動詞の過去形 + watch の～ing 形

（私はその時，テレビで野球の試合を見ていました。）

👆ここ注意！ 過去進行形の形と意味

形：was / were ＋動詞の～ing 形

意味：～してました / ～しているところでした

55. 疑問文に対する答え方のまとめ

1 be 動詞の疑問文に対する答え方

Are you tired? （あなたは疲れていますか。）
— <u>Yes</u>, I <u>am</u>. / <u>No</u>, I <u>am not</u>.

↳ No があれば not

（はい, 疲れています。 / いいえ, 疲れていません。）

> **ここ注意！** be 動詞の疑問文には
> Yes, 主語 + be 動詞 .
> No, 主語 + be 動詞 + not .
> で答える。
> are not → <u>aren't</u>, is not → <u>isn't</u>,
> was not → <u>wasn't</u>, were not → <u>weren't</u>が使われる
> ことも多い。

2 一般動詞の疑問文に対する答え方

Do you like basketball?
（あなたはバスケットボールが好きですか。）
— <u>Yes</u>, I <u>do</u>. / <u>No</u>, I <u>do not</u>.

↳ No があれば not

（はい, 好きです。 / いいえ, 好きではありません。）

> **ここ注意！** 現在形の一般動詞の疑問文には
> Yes, 主語 + do（does）.
> No, 主語 + do（does）not .
> で答える。
> do not → <u>don't</u> / does not → <u>doesn't</u> が使われるこ
> とも多い。

得点 UP!　① Yes や No を使う答えと使わない答えを区別しよう。
② 疑問詞の意味を区別しておこう。

Did your sister play tennis yesterday?
（あなたのお姉〔妹〕さんはきのうテニスをしましたか。）
— **Yes, she <u>did</u>. / No, she <u>did not</u>.**
　　　　　　　　　　　　= didn't
（はい，しました。／いいえ，しませんでした。）

👆ここ注意！　過去形の一般動詞の疑問文には
Yes，主語 +did. ／ No，主語 + <u>did not(didn't)</u>. で答える。

③ 疑問詞のある疑問文に対する答え方

<u>**What**</u> **do you do after dinner?**
（あなたは夕食後，何をしますか。）
— **I usually watch TV.**（私はたいていテレビを見ます。）
<u>**Where**</u> **did you practice soccer?**
（どこでサッカーを練習しましたか。）
— **We practiced in the park.**
（私たちは公園で練習しました。）
<u>**Who**</u> **helped you?**（だれがあなたを手伝ってくれましたか。）
— **Judy did.**（ジュディが手伝ってくれました。）

 ここ注意！　いろいろな疑問詞と答え方

what → （何）かを答える　　　　who → （だれ）かを答える
when → 時を答える　　　　　　where → 場所を答える
whose → 所有者を答える　　　　which → （どれ）かを答える
how → 方法・様子を答える　　　how many → 数を答える
what time → 時刻を答える

装丁デザイン　ブックデザイン研究所
本文デザイン　京田クリエーション
　　イラスト　どこ　ちゃるこ

本書に関する最新情報は, 小社ホームページにある**本書の「サポート情報」**を
ご覧ください。（開設していない場合もございます。）
なお, この本の内容についての責任は小社にあり, 内容に関するご質問は直接
小社におよせください。

中1 まとめ上手 英語

編著者	中学教育研究会	発行所	受験研究社
発行者	岡本明剛	©株式会社	増進堂・受験研究社

〒550-0013　大阪市西区新町2—19—15

注文・不良品などについて：(06)6532-1581（代表）／本の内容について：(06)6532-1586（編集）

注意 本書の内容を無断で複写・複製（電子化を
含む）されますと著作権法違反となります。

Printed in Japan　岩岡印刷・高廣製本

落丁・乱丁本はお取り替えします。